•Prévoir votre Avenir•

les 144 interprétations astrologiques

des 12 signes combinés aux 12 ascendants

6, rue Régis – 75006 Paris
Tél. 01 42 22 56 84 - Fax : 01 42 22 65 62

Imprimé en France

I.S.B.N. 2-84197-179-1

Marie Delclos

•Prévoir votre Avenir•

les 144 interprétations astrologiques

des 12 signes combinés aux 12 ascendants

Éditions
TrajectoirE

LES SIGNES ET LES ASCENDANTS

Aujourd'hui, tout le monde sait que le "signe" auquel on appartient correspond à la position du Soleil dans l'un des douze signes du zodiaque.

Position vue de la Terre évidemment.

Quant à l'ascendant, conformément à son éthymologie latine "ascendere", verbe qui signifie monter et a donné en français ascension et ascenseur, c'est tout simplement le signe qui se lève au moment de notre naissance.

Le Soleil qui, depuis les origines de l'astrologie, a été mis en analogie avec le cœur, le centre de notre être, nous donne bon nombre de caractéristiques. Il va nous donner nos aspirations, la façon dont nous souhaitons nous épanouir, et pour ceux qui s'intéressent à la spiritualité, il représente notre âme, selon les uns, ou notre esprit selon les autres. Il nous donne aussi bon nombre d'éléments sur notre caractère et aussi en partie sur notre portrait physique.

L'ascendant est également très important. Il nous montre comment nous apparaissons aux yeux des autres, tant dans notre comportement que dans notre personnalité physique et morale. Bien sûr, il existe bien d'autres éléments dans un thème, mais, munis de ces deux éléments, nous pouvons déjà nous faire une opinion.

Comment savoir quel est notre ascendant ?

Il existe bon nombre d'ouvrages comportant des tableaux permettant de trouver notre ascendant sans calcul. Mais malheureusement, ils ne peuvent être toujours totalement fiables. Si bien que vous pouvez vous croire Gémeaux, alors que vous êtes Taureau ou Cancer. Cela m'est déjà arrivé un jour où je voulais vérifier si ces tableaux étaient fiables. Fiables oui, et fort bien faits, mais ils peuvent quand même nous induire en erreur. Si nous sommes au nord ou au sud d'un département, à l'est ou à l'ouest, cela peut tout changer en ce qui concerne notre ascendant.

Le mieux est donc de le calculer.

Calculez vous-même votre ascendant

A. CE QU'IL VOUS FAUT :

1°) Il vous faut, pour commencer, les renseignements suivants :

L'année, le mois, le quantième du mois et l'heure de naissance, le plus exactement possible. Le lieu exact. Pas seulement le département.

2°) Il vous faut ensuite les ouvrages suivants :

• Des éphémérides planétaires. (tables des positions planétaires pour 0 heure)

Exemple : Éphémérides d'Édition internationale Maison Rosicrucienne ou The Complete Ephmerides d'Aureas International Edition.

• Des tables des maisons.

Exemple : Tables des Maisons. Édition internationale Maison Rosicrucienne.

• Un livre sur les régimes horaires dans le monde, le plus récent possible.

Exemple : Régimes horaires du Monde, en deux tomes aux Editions Traditionnelles.

B. LE CALCUL :

1°) Noter sur une feuille les données de naissance : date, heure et lieu.

Exemple pour un enfant né à Paris, le 1 janvier 2000, à 13 H, heure de la montre.

Je note : *Enfant né le 1 janvier 2000 à 13 h à Paris.*

2°) Ouvrir un Traité de l'heure dans le monde et noter les coordonnées géographiques : latitude et longitude.

J'ouvre le tome Un de mon Traité de l'heure (Tome Un : Europe et Afrique) et je cherche la France. Et dans la France p 53, je cherche la ville et je lis :

FRANCE

Capitale : Paris 48 N 50 0 h 09 m 21 s E.

Adopte le calendrier Grégorien le 20/12/1582, 24 h (n.st.)

Du 24/11/1793 au 1/01/1806 : calendrier républicain

Le 1/01/1806, reprend le calendrier Grégorien.

Jusqu'au 14/03/1891, 24 h = Temps local pour le pays (excepté Alsace-Lorraine à l'heure allemande jusqu'au 11/11/1918 ; dépt Haut-Rhin, Bas-Rhin, Moselle (Thionville, Metz, Vallée de la Moselle, Nord-Est du Plateau Lorrain, Vallée de Schirmek et Ban de la Roche).

Paris étant la capitale, ses coordonnées sont notées au début.

Je lis sous FRANCE : Capitale : Paris 48 N 50 0 h 09 m 21 s E.

Ce qui signifie que la latitude de Paris est de 48° 50' nord et que sa longitude, transposée en temps, est de 0 h 09 minutes et 21 secondes à l'est du méridien de Greenwich.

(Dans les atlas on nous donne la longitude en degrés et minutes d'espace. Il nous faut alors effectuer la transformation, sachant qu'un degré de longitude correspond à 4 minutes de temps).

Je note donc : *Paris : latitude : 48 N 50*
Longitude : 0 h 09 m 21 s Est

2°) Transformer l'heure légale en Temps universel (T.U.) en tenant compte des heures d'été et des heures d'hiver, toujours à l'aide du livre sur les régimes horaires dans le monde.

Il y a eu toutes sortes de changements au fil du temps. C'est pourquoi il est nécessaire de posséder un livre récent sur les régimes horaires dans le monde. Il donne toutes les indications nécessaires. En France, on avance d'une heure sur le temps universel en hiver et de 2 heures en été depuis 1945, mais les dates changent suivant les années.

Exemple pour la naissance à Paris le 1 janvier 2000 à 13 H :

On est en hiver, on est en avance d'une heure sur le temps universel, je dois donc normalement retrancher une heure de l'heure légale pour avoir le Temps Universel.

Mais par acquis de conscience, je vérifie et je lis en bas de la page 55 du tome I des Régimes horaires du Monde (voir ci-après), que l'heure d'été à partir de 1996 s'applique du dernier dimanche de mars à 2 h au dernier dimanche d'octobre à 3 h.

Il s'agit d'une naissance en janvier, c'est donc bien l'heure d'hiver qui s'applique.

Le Temps universel est donc 13 H – 1 H soit 12 h ou midi.

Je note : *T.U. = 12 h*

Du 15/03/1891, 0 h 01 au 11/03/1911, 0 h 01 = GMT + 0 h 09 m 21 s.
Du 11/03/1911, 0 h 01 au 16/09/1945, 1 h 00 = GMT
Depuis le 16/09/1945, 1 h 00 = GMT + 1h00

Heure d'été : = GMT + 1 h 00, changement à 23 h
(L'heure du changement est exprimée en temps GMT jusqu'en 1945 et en temps «légal» à partir de 1976).

1916, 14/06 au 01/10
1917, 24/03 au 07/10
1918, 09/03 au 06/10
1919, 01/03 au 05/10
1920, 14/02 au 23/10
1921, 14/03 au 25/10
1922, 25/03 au 07/10
1923, 26/05 au 06/10
1924, 29/03 au 04/10
1925, 04/04 au 03/10
1926, 17/04 au 02/10
1927, 09/04 au 01/10
1928, 14/04 au 06/10
1929, 20/04 au 05/10
1930, 12/04 au 04/10
1931, 18/04 au 03/10
1932, 02/04 au 01/10
1933, 25/03 au 07/10
1934, 07/04 au 06/10
1935, 30/03 au 05/10
1936, 18/04 au 03/10
1937, 03/04 au 02/10
1938, 26/03 au 01/10
1939, 15/04 au 18/11

Pour Lille 1940, 28/05, 10 h = GMT + 2 h 00
Pour Reims, St Valéry en Caux
1940, 10/06, 2 h = GMT + 2 h 00

Pour Paris, Caen, Gray-Saône, Troyes :
1940, 25/02, 2 h au 14/06, 22 h = GMT + 1 h 00
1940, 14/06, 22 h = GMT + 2 h 00

Pour Nantes, St Nazaire :

1940, 19/06, 2 h = GMT + 2 h 00

Pour Bordeaux

1940, 25/02, 2 h au 01/07, 2 h = GMT + 1 h 00
1940, 01/07, 2 h = GMT + 2 h 00

Les villes ont adopté l'heure d'été allemande le jour de leur entrée en zone d'occupation.

Zone non occupée :
1940, 25/02, 2 h au 04/05/ 1941, 23 h = GMT + 1 h 00
1941, 04/05, 23 h au 05/10/1941, 22 h = GMT + 2 h 00
1941, 05/10, 22 h au 08/03/1942, 23 h = GMT + 1 h 00
1942, 08/03, 23 h au 02/11/1942, 1 h = GMT + 2 h 00

Zone occupée :
1940, au 02/11/1942, 1 h = GMT + 2 h 00

Zone libre et occupée
1942, 02/11, 1 h au 29/03/1943, 1 h = GMT + 1 h 00
1943, 29/03, 1 h au 04/10/1943, 1 h = GMT + 2 h 00
1943, 04/10, 1 h au 03/04/1944, 1 h = GMT + 1 h 00
1944, 03/04, 1 h au 07/10/1944, 23 h = GMT + 2 h 00
1944, 07/10, 23 h au 02/04/1945, 1 h = GMT + 1 h 00
1945, 02/04, 1 h au 16/09/1945, 1 h = GMT + 2 h 00

Limites supérieures de la zone libre : Arneguy, Orthez, Mont-de-Marsan, Bazas, Langon, Lamotte-Montravel, Marouil, La Rochefoucault, Champagne-Mouton, La Roche-Posay, La Haye-Descartes, Loches, Montrichard, Vierzon, Bourges, Moulins, Digoin, Paray-le-Monial, Montceau-les-Mines, Châlons-sur-Saône, Arbois, Dôle, Morez, St-Claude, Collonges (Haute-Savoie).

Depuis le 16/09/1945, 1 h = GMT + 1 h 00 , sur tout le territoire.

Heure d'été : = GMT + 2 h 00

1976, 28/03, 2 h au 26/09, 2 h

1977, 03/04, 2 h au 25/09, 3 h

1978, 02/04, 2 h au 01/10, 3 h

1979, 01/04, 2 h au 30/09, 3 h

1980, 06/04, 2 h au 28/09, 3 h

De 1981 à 1995, du dernier dimanche de mars à 2 h au dernier dimanche de septembre à 3 h, à partir de 1996, du dernier dimanche de mars à 2 h au dernier dimanche d'octobre à 3 h.

3°) Calculer l'heure locale à partir du Temps universel.

Si la longitude du lieu de naissance est à l'est de Greenwich, je l'additionne au T.U ; si la longitude est à l'ouest, je la soustrais.

Paris est à l'est, je l'additionne : Heure locale = 12 h + 0 h 09 m 21 s

Je note : *Heure locale = 12 h 09 m*

(Je laisse tomber les secondes au - dessous de 30")

4°) Calculer le Temps sidéral de naissance à l'aide des éphémérides.

J'ouvre mes éphémérides à **l'année et au mois** de naissance (fig 1).

En haut de la page se trouve une série de colonnes.

La première colonne à partir de la gauche correspond aux jours du mois.

La seconde colonne à partir de la gauche est celle qui nous intéresse. Elle est notée : S. T. ce qui signifie Temps Sidéral (Sideral Time) à 0 h (toutes les positions sont données pour 0 h du jour).

Le premier janvier 2000 se trouve en haut de la page.

Je lis : Dans la première colonne Day Jour : **Sa 1**, soit samedi 1 janvier, qui est la date que je cherche.

figure 1

JANUARY 2000

☽ TOTAL ECLIPSE, 00 ♌ 26, INTENSITY 1.326, 21 JANUARY, 4h 45m

LONGITUDE for 0h

Day Jour		S. T. h	m	s	☉ ° ′ ″	☽ ° ′ ″	☿ ° ′	♀ ° ′	♂ ° ′	♃ ° ′	♄ ° ′	♅ ° ′	♆ ° ′	♇ ° ′	☊ True ° ′
Sa	1	06	39	51	09 ♑ 51 30	07 ♏ 17 04	01 ♑ 07	00 ♐ 58	27 ♒ 34	25 ♈ 14	10 ♉R 24	14 ♒ 47	03 ♒ 11	11 ♐ 26	03 ♌R 59
Su	2	06	43	48	10 52 40	19 18 30	02 40	02 10	28 21	25 16	10 23	14 50	03 13	11 28	03 56
M	3	06	47	45	11 53 51	01 ♐ 12 47	04 14	03 23	29 08	25 19	10 22	14 53	03 15	11 30	03 52
T	4	06	51	41	12 55 01	13 03 06	05 48	04 35	29 54	25 22	10 21	14 56	03 17	11 32	03 48
W	5	06	55	38	13 56 12	24 52 08	07 22	05 48	00 ♓ 41	25 25	10 20	14 59	03 19	11 35	03 45
Th	6	06	59	34	14 57 23	06 ♑ 42 11	08 57	07 01	01 27	25 28	10 19	15 02	03 21	11 37	03 42
F	7	07	03	31	15 58 33	18 35 14	10 32	08 14	02 14	25 32	10 19	15 06	03 24	11 39	03 40
Sa	8	07	07	27	16 59 44	00 ♒ 33 08	12 07	09 27	03 00	25 35	10 18	15 09	03 26	11 41	03 39
Su	9	07	11	24	18 00 54	12 37 46	13 43	10 40	03 47	25 39	10 18	15 12	03 28	11 43	03 D 40
M	10	07	15	20	19 02 04	24 51 10	15 20	11 53	04 33	25 43	10 18	15 15	03 30	11 45	03 41
T	11	07	19	17	20 03 14	07 ♓ 15 42	16 56	13 06	05 20	25 47	10 17	15 18	03 32	11 47	03 42
W	12	07	23	14	21 04 23	19 53 55	18 33	14 19	06 06	25 52	10 17	15 22	03 35	11 48	03 43
Th	13	07	27	10	22 05 31	02 ♈ 48 37	20 11	15 32	06 53	25 56	10 D 17	15 25	03 37	11 50	03 44
F	14	07	31	07	23 06 39	16 02 27	21 49	16 45	07 39	26 01	10 17	15 28	03 39	11 52	03 45
Sa	15	07	35	03	24 07 46	29 37 40	23 28	17 58	08 26	26 06	10 18	15 31	03 41	11 54	03 R 45
Su	16	07	39	00	25 08 53	13 ♉ 35 26	25 07	19 12	09 12	26 11	10 18	15 35	03 44	11 56	03 44
M	17	07	42	56	26 09 58	27 55 19	26 46	20 25	09 59	26 17	10 19	15 38	03 46	11 58	03 43
T	18	07	46	53	27 11 03	12 ♊ 34 45	28 26	21 38	10 45	26 22	10 19	15 41	03 48	12 00	03 43
W	19	07	50	49	28 12 08	27 28 48	00 ♒ 07	22 52	11 31	26 28	10 20	15 45	03 50	12 01	03 42
Th	20	07	54	46	29 13 11	12 ♋ 30 22	01 48	24 05	12 18	26 34	10 21	15 48	03 53	12 03	03 42
F	21	07	58	43	00 ♒ 14 14	27 30 59	03 30	25 18	13 04	26 40	10 22	15 52	03 55	12 05	03 41
Sa	22	08	02	39	01 15 17	12 ♌ 21 58	05 12	26 32	13 50	26 46	10 23	15 55	03 57	12 07	03 D 41
Su	23	08	06	36	02 16 18	26 55 43	06 54	27 45	14 37	26 52	10 24	15 58	03 59	12 08	03 41
M	24	08	10	32	03 17 19	11 ♍ 06 41	08 37	28 59	15 23	26 59	10 25	16 02	04 02	12 10	03 42
T	25	08	14	29	04 18 19	24 51 46	10 21	00 ♑ 13	16 09	27 05	10 27	16 05	04 04	12 11	03 R 42
W	26	08	18	25	05 19 19	08 ♎ 10 25	12 05	01 26	16 56	27 12	10 28	16 09	04 06	12 13	03 41
Th	27	08	22	22	06 20 18	21 04 11	13 49	02 40	17 42	27 19	10 30	16 12	04 09	12 15	03 41
F	28	08	26	18	07 21 17	03 ♏ 36 10	15 34	03 54	18 28	27 27	10 31	16 16	04 11	12 16	03 41
Sa	29	08	30	15	08 22 15	15 50 26	17 18	05 07	19 14	27 34	10 33	16 19	04 13	12 18	03 D 41
Su	30	08	34	12	09 23 13	27 51 34	19 03	06 21	20 00	27 41	10 35	16 22	04 15	12 19	03 41
M	31	08	38	08	10 ♒ 24 09	09 ♐ 44 13	20 ♒ 48	07 ♑ 35	20 ♓ 46	27 ♈ 49	10 ♉ 37	16 ♒ 26	04 ♒ 18	12 ♐ 21	03 ♌ 42

Et dans la colonne suivante S.T. : **06 39 51**

Soit 6 heures 39 minutes et 51 secondes qui est le Temps sidéral pour 0 h, le 1 janvier 2000.

Je note : *Temps sidéral à 0 h : 06 h 39 m 51 s*

Il ne me reste plus qu'à calculer le temps sidéral de naissance, puisque l'enfant n'est pas né à 0 h.

Pour avoir le temps sidéral de naissance, il me suffit d'additionner l'heure locale au temps sidéral à 0 h.

Ce qui me donne : 6 h 39 m 51 s + 12 h 09 m soit 18 h 48 m 51 s

J'arrondis et je note : *Temps sidéral de naissance (TSN) = 18 h 49 m*

5°) Chercher l'ascendant dans les Tables des Maisons.

J'ouvre mon livre des Tables des Maisons et regarde les latitudes notées en haut des pages. Je tourne les pages jusqu'à ce que je trouve la latitude correspondante.

Paris est à 48°50 de latitude nord.

La latitude la plus proche est celle de 49°. Je chercherai donc dans la colonne marquée latitude 49° N.

Je n'ai plus qu'à chercher dans la première colonne celle du temps sidéral (Sidereal Time) celui qui se rapproche le plus du temps sidéral de naissance qui est 18 h 49 m (fig 2).

figure 2

TABLES OF HOUSES — TABLES DES MAISONS

SIDEREAL TIME			LATITUDE 49° N.							LATITUDE 50° N.							LATITUDE 51° N.						
			10 ♑	11 ♑	12 ♒	ASC ♈		2 ♉	3 ♊	10 ♑	11 ♑	12 ♒	ASC ♈		2 ♉	3 ♊	10 ♑	11 ♑	12 ♒	ASC ♈		2 ♉	3 ♊
H	M	S	°	°	°	°	'	°	°	°	°	°	°	'	°	°	°	°	°	°	'	°	°
18	0	0	0	19	14	0	0	16	11	0	19	13	0	0	17	11	0	18	13	0	0	17	12
18	4	22	1	20	16	2	22	17	12	1	20	15	2	27	18	12	1	19	14	2	33	19	13
18	8	43	2	21	17	4	44	19	13	2	21	16	4	55	19	13	2	21	16	5	7	20	14
18	13	5	3	22	19	7	6	20	14	3	22	18	7	21	21	14	3	22	17	7	39	22	15
18	17	26	4	24	20	9	26	22	15	4	23	20	9	47	22	16	4	23	19	10	11	23	16
18	21	47	5	25	22	11	46	23	16	5	24	21	12	12	24	17	5	24	20	12	41	24	17
18	26	9	6	26	23	14	5	24	17	6	25	23	14	35	25	18	6	25	22	15	9	26	18
18	30	29	7	27	25	16	22	26	18	7	27	24	16	57	26	19	7	26	24	17	36	27	19
18	34	50	8	28	26	18	38	27	19	8	28	26	19	17	28	20	8	27	25	20	1	29	20
18	39	11	9	29	28	20	52	28	20	9	29	28	21	35	29	21	9	29	27	22	24	♊	21
18	43	31	10	♒	♓	23	4	♊	21	10	♒	29	23	51	♊	22	10	♒	29	24	44	1	22
18	47	51	11	2	1	25	14	1	22	11	1	♓	26	5	2	23	11	1	♓	27	2	3	23
18	52	11	12	3	3	27	22	2	24	12	2	2	28	17	3	24	12	2	2	29	17	4	24
18	56	30	13	4	5	29	28	3	25	13	4	4	0♉	26	4	25	13	3	4	1♉	30	5	25
19	0	49	14	5	6	1♉	31	5	26	14	5	6	2	32	6	26	14	4	5	3	39	6	26
19	5	7	15	6	8	3	32	6	27	15	6	8	4	36	7	27	15	6	7	5	46	8	27
19	9	26	16	7	10	5	31	7	28	16	7	9	6	37	8	28	16	7	9	7	49	9	28
19	13	43	17	9	11	7	27	8	29	17	8	11	8	35	9	29	17	8	11	9	50	10	29
19	18	0	18	10	13	9	21	10	♋	18	10	13	10	31	10	♋	18	9	12	11	48	11	♋
19	22	17	19	11	15	11	13	11	1	19	11	14	12	24	11	1	19	10	14	13	43	12	1

Sidereal time h	m	s	49° S. 4	5	6	7		8	9	50° S. 4	5	6	7		8	9	51° S. 4	5	6	7		8	9
19	26	33	20	12	16	13	2	12	1	20	12	16	14	15	13	2	20	12	16	15	35	13	2
19	30	49	21	13	18	14	48	13	2	21	13	18	16	3	14	3	21	13	18	17	24	15	3
19	35	4	22	15	20	16	32	14	3	22	14	20	17	48	15	4	22	14	19	19	10	16	4
19	39	19	23	16	22	18	14	15	4	23	16	21	19	31	16	5	23	15	21	20	54	17	5
19	43	33	24	17	23	19	54	16	5	24	17	23	21	11	17	6	24	17	23	22	35	18	6
19	47	46	25	18	25	21	31	17	6	25	18	25	22	49	18	7	25	18	25	24	13	19	7
19	51	59	26	20	27	23	6	18	7	26	19	27	24	25	19	8	26	19	27	25	49	20	8
19	56	11	27	21	28	24	39	19	8	27	21	28	25	58	20	9	27	20	28	27	23	21	9
20	0	23	28	22	♈	26	10	21	9	28	22	♈	27	29	21	9	28	22	♈	28	54	22	10
20	4	34	29	23	2	27	39	22	10	29	23	2	28	58	22	10	29	23	2	0♊	23	23	11
20	8	44	♒	25	4	29	6	23	11	♒	24	4	0♊	25	23	11	♒	24	4	1	50	24	12
20	12	53	1	26	5	0♊	31	24	12	1	26	5	1	50	24	12	1	25	5	3	15	25	13
20	17	2	2	27	7	1	54	25	13	2	27	7	3	13	25	13	2	27	7	4	38	26	13
20	21	10	3	28	9	3	15	26	14	3	28	9	4	35	26	14	3	28	9	5	59	27	14
20	25	18	4	♓	10	4	35	27	15	4	29	10	5	54	27	15	4	29	11	7	18	28	15
20	29	24	5	1	12	5	53	28	16	5	♓	12	7	12	28	16	5	♓	12	8	35	29	16
20	33	30	6	2	14	7	9	28	16	6	2	14	8	28	29	17	6	2	14	9	51	♋	17
20	37	36	7	3	15	8	24	29	17	7	3	16	9	42	♋	18	7	3	16	11	5	1	18
20	41	40	8	5	17	9	38	♋	18	8	5	17	10	55	1	19	8	4	17	12	17	2	19
20	45	44	9	6	18	10	50	1	19	9	6	19	12	6	2	19	9	6	19	13	28	3	20
20	49	47	10	7	20	12	0	2	20	10	7	20	13	16	3	20	10	7	21	14	37	4	21
20	53	50	11	9	22	13	9	3	21	11	8	22	14	25	4	21	11	8	22	15	45	5	22
20	57	51	12	10	23	14	17	4	22	12	10	24	15	33	5	22	12	10	24	16	52	5	22
21	1	52	13	11	25	15	24	5	23	13	11	25	16	39	6	23	13	11	26	17	57	6	23
21	5	52	14	12	26	16	29	6	24	14	12	27	17	44	6	24	14	12	27	19	2	7	24
HOUSES			4	5	6	7		8	9	4	5	6	7		8	9	4	5	6	7		8	9

LATITUDE 49° S. — LATITUDE 50° S. — LATITUDE 51° S.

Je trouve une ligne pour 18 h 47m 51s

Et en dessous une ligne pour 18 h 51 m 59s

Je prends la ligne 18 h 47 m 51 s et je tire un trait pour aller dans la colonne ASC.

Je trouve 25 14 ce qui signifie 25° 14'. Je n'ai plus qu'à remonter le long de la colonne pour trouver le signe, je trouve le signe ♈ (dans le cas présent il est en haut de la page, mais il aurait pu se trouver au milieu).

La ligne du dessous pour 18 h 52 me donne 27°22.

Je place l'ascendant approximativement entre les deux (ici il s'agit essentiellement de trouver votre ascendant).

Autrement dit l'ascendant est à 26° du signe du Bélier.

Je note :

Ascendant 26° Bélier

Et, tant que j'y suis, je vais noter le Milieu du Ciel (MC), ce qui me permettra de vérifier que je n'ai pas fait d'erreur dans mes calculs.

Le MC qui représente le point le plus haut du zodiaque sur l'horizon est représenté par la colonne 10.

Je trouve sur la première ligne celle de 18 h 47m 51s, le chiffre 11 et le signe au-dessus ♑ qui est le symbole du Capricorne, soit 11° du Capricorne.

Sur la ligne suivante qui correspond à 18 h 52m 11s, je trouve "12", soit 12° du Capricorne. Le Milieu du Ciel est donc entre les deux à 11° 30 du Capricorne.

Je note : *Milieu du Ciel 11°30 Capricorne*

figure 3

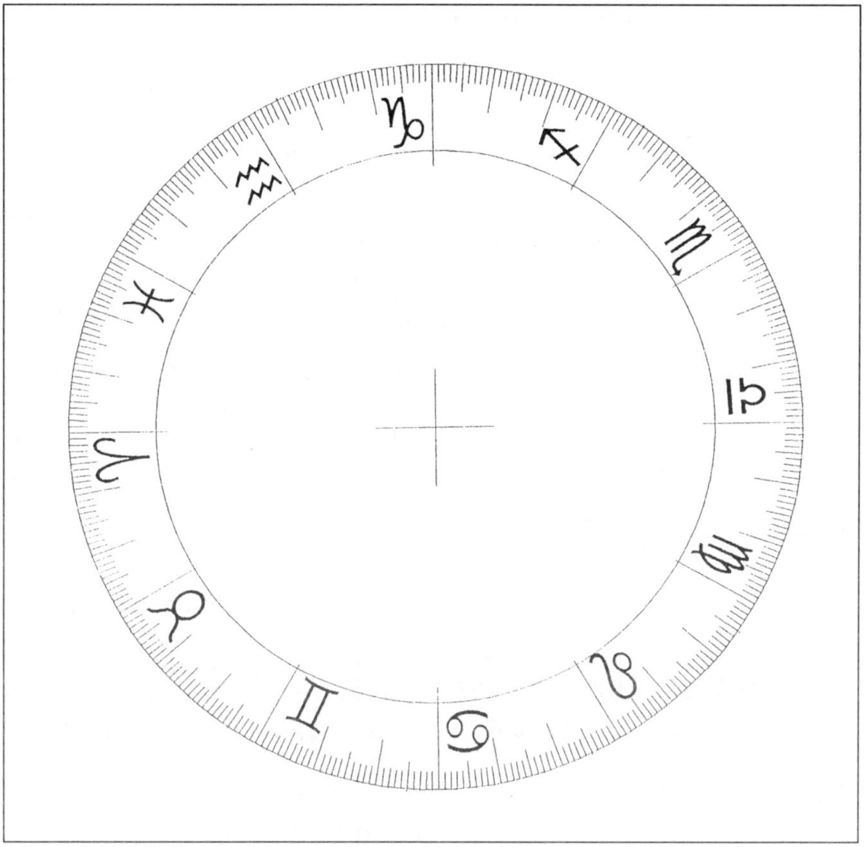

C. VERIFICATION

1°) Je prends une carte du ciel vierge (fig 3)

En haut, je recopie tous les éléments déjà notés sur une feuille. Date de naissance, heure et lieu. Latitude et longitude. Temps universel, Heure locale, Temps sidéral de naissance. Ascendant et Milieu du Ciel.

2°) J'effectue deux opérations (fig 4) :

Je trace la ligne d'horizon

Sachant que le descendant (le signe qui descend sous l'horizon) se trouve exactement en face du degré de l'ascendant, je trace la ligne d'horizon qui relie l'ascendant (AS) au descendant (DS). Cette ligne va de 26° ♈ (Bélier) et 26° ♎ (Balance). Elle sépare le zodiaque en deux : la partie qui se trouve au-dessus de l'horizon et la partie qui se trouve au -dessous.

Puis je trace l'axe Milieu du Ciel / Fond du Ciel

Sachant que le Fond du Ciel (FC) se trouve face au Milieu du Ciel (MC). Cette ligne va donc de 11°30 ♑ (Capricorne) à 11°30 ♋ (Cancer).

3°) Je vais chercher la position du Soleil dans mes éphémérides et placer le Soleil sur la carte du Ciel.

J'ouvre à nouveau mon livre des éphémérides (fig 1) à Janvier 2000 et, sous la colonne Soleil ☉, je trouve pour le 1 janvier : 09 ♑ 51 30.

Le Soleil se trouve à 9 ° 51' du Capricorne.

Mais c'est sa position à 0 h Temps Universel. Or il s'agit d'une naissance à 12 h en Temps Universel.

Comment faire ?

Je regarde sous la ligne en dessous qui est celle du lendemain, soit 12 heures plus tard et je lis :

10 52 40 toujours sous le Capricorne (♑).

figure 4

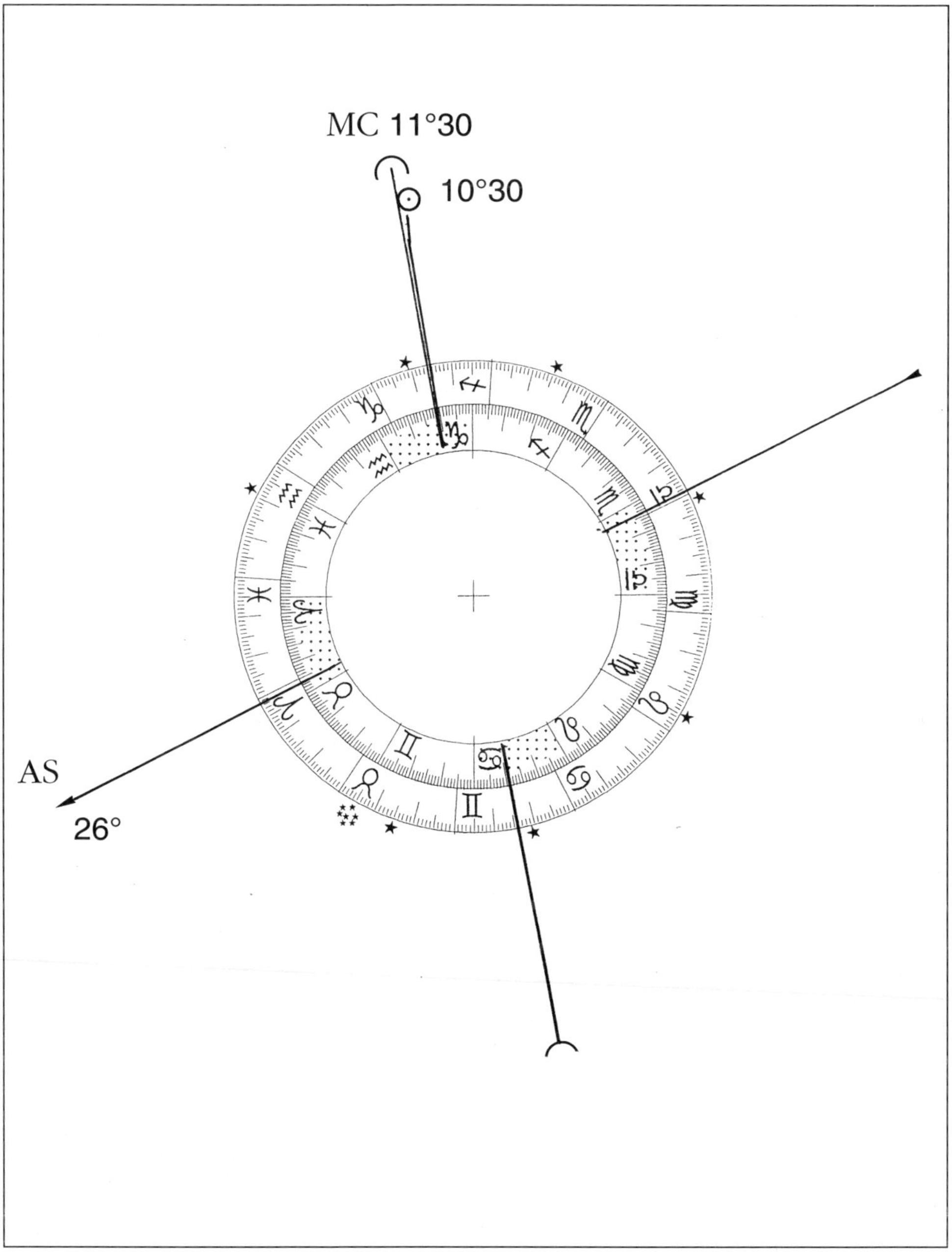

Le Soleil parcourt environ un degré par jour.

A midi, il a parcouru environ la moitié d'un degré, soit environ 30 minutes d'espace. Je le place donc approximativement à 10° 30' du Capricorne, entre 10° et 11° ♑ sur le diagramme.

Je tire un trait avec le symbole du Soleil (fig 4).

4°) Je vérifie s'il n'y a pas d'erreur dans mes calculs

Sachant que (fig 5):

Pour une naissance au lever du Soleil, le Soleil est proche de l'Ascendant (position a fig 5).

Pour une naissance au coucher du Soleil, le Soleil est proche du Descendant (position b).

Pour une naissance à midi (heure solaire), le Soleil est proche du Milieu du Ciel (position c).

Pour une naissance à minuit (heure solaire), le Soleil est proche du Fond du Ciel (position d).

Pour une naissance dans la matinée, le Soleil se trouve entre l'ascendant et le Milieu du Ciel (position e).

Pour une naissance dans l'après midi, il se trouve entre le Milieu du Ciel et le Descendant (position f).

Pour une naissance entre le coucher du Soleil et minuit, le Soleil se trouve entre le Descendant et le Fond du Ciel (position g).

figure 5

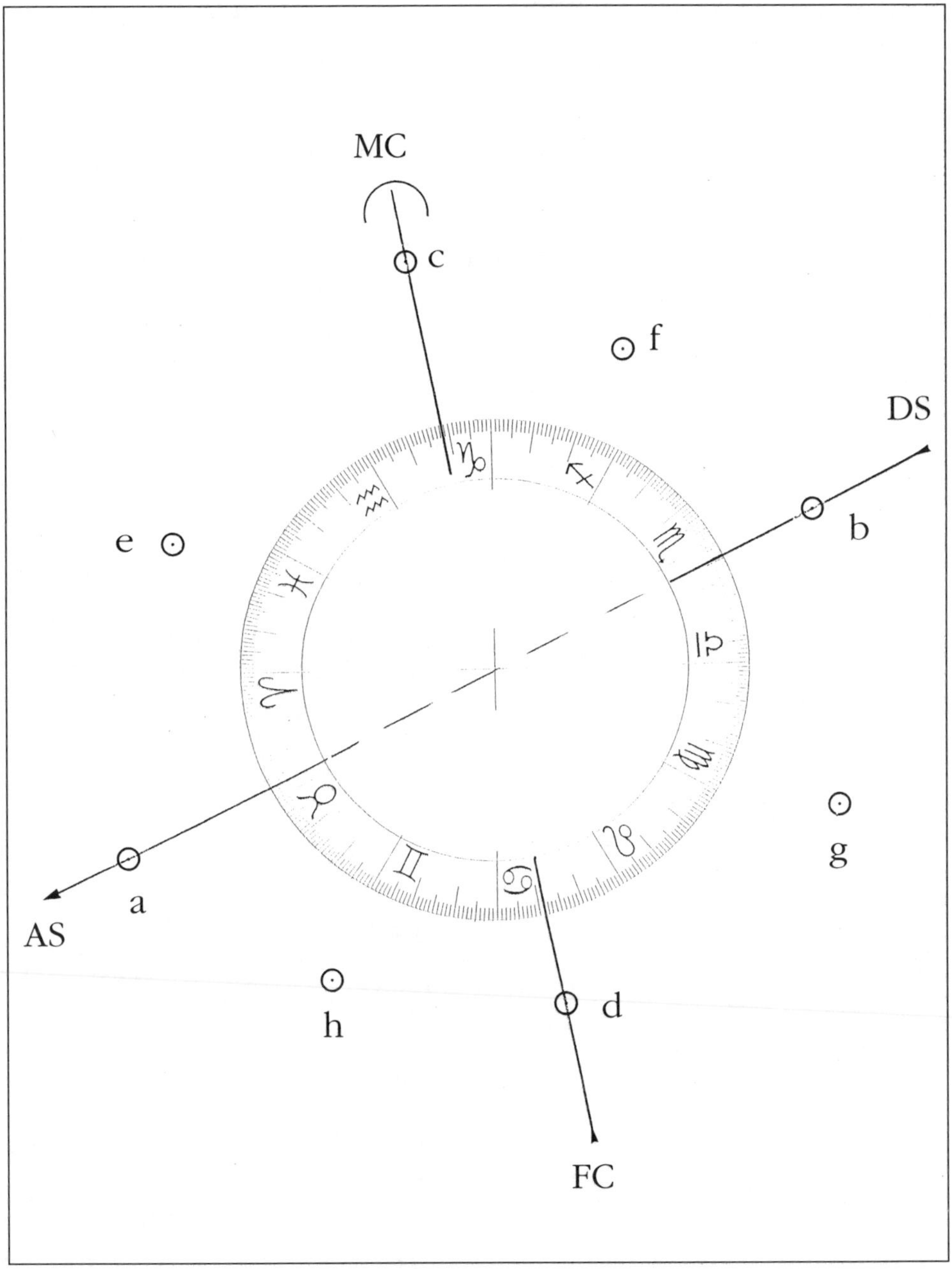

Pour une naissance entre minuit et le lever du Soleil, il se trouve entre le Fond du Ciel et l'Ascendant (position h).

Ici nous voyons que le Soleil est quasiment collé au Milieu du Ciel. La naissance ayant lieu à midi et 9 minutes, il n'y a pas d'erreur.

Il n'y a plus qu'à interpréter.

♈

les Béliers

Le Bélier est le premier signe du zodiaque, le premier signe de feu. Il est masculin comme tous les signes de feu. Sa planète est Mars.

Dans l'homme zodiaque, il régit la tête et tout particulièrement le crâne.

Il est représenté par un bélier qui est un animal fonceur, et comme chacun sait, la tête du troupeau. Ou le chef, ce qui veut dire exactement la même chose. Il fonce tête baissée, suivi par tout le troupeau qui le suit sans se poser de questions. Son nom en latin provient d'aries, mot très proche du grec "aïro" qui signifie tuer, et d'"ares" qui signifie colère, violence.

À partir de là, on comprend bien ce qu'est un véritable Bélier. Le Bélier va avoir des aspirations de chef. Il aura horreur d'être commandé. Il lui faudra donc trouver une profession qui lui permettra, soit de commander, soit d'être son propre chef, autrement dit d'être indépendant. Pas vraiment fait pour être fonctionnaire. C'est quelqu'un qui a besoin d'action. Il aura même parfois tendance à agir avant de réfléchir. Son impulsivité le pousse à la colère. Emotif, passionné, il a des réactions parfois excessives, qu'il a du mal à contrôler. Aussi peut-il devenir grossier dans les discussions. Mais il est franc, courageux, loyal, intègre, spontané. Pas de coups tordus avec lui. Mais la contradiction est rarement posée. C'est un chef, un meneur, un tribun, un combattant. La compétition le stimule. Avec lui pas de demi-mesure. C'est la loi du tout ou rien. Il est le premier ou le dernier. Il préfère tout casser plutôt que de passer à l'arrière-plan.

Le goût du risque l'excite. C'est un casse-cou dans tous les domaines. Il a des coups de foudre et des coups de tête. Il jette parfois l'argent par les fenêtres. En cas de problème il sait rebondir. Il n'est pas rancunier. Il lutte pour un idéal.

C'est aussi, généralement, un sportif qui fait du muscle.

Son visage a la forme de l'animal bélier allongé en douceur vers le menton. Des yeux légèrement obliques vers le haut. Un nez un peu courbe, des lèvres moyennement charnues.

Bélier Ascendant Bélier

Lorsque naît le Bélier ascendant Bélier, le Soleil se lève en même temps que le signe. Il est à l'ascendant.

Le Bélier ascendant Bélier est donc doublement marqué par ce signe, mais le Soleil levant va ajouter sa touche lumineuse, lui donnant parfois l'air d'un Lion.

Ce natif du Bélier est particulièrement dynamique. C'est un leader, parfois un révolutionnaire ou un dictateur.

Il aime les voyages et considère que la planète toute entière est son village. Il a besoin de bouger. Passer toute sa journée derrière un ordinateur, au fin fond de la campagne ou de son appartement parisien, ce n'est pas son truc. Par contre un ordinateur et un téléphone portables à emporter dans ses bagages, cela lui convient parfaitement. Quand il pense à faire quelque chose, a-t-il à peine fini d'y penser qu'il est déjà en action.

Il est sportif, bagarreur et audacieux.

Il lui faut une profession dans laquelle son dynamisme, son esprit directif pourront se manifester. S'il est dans la musique, il sera chef d'orchestre ou soliste, plutôt que dernier violon. Mais il se dirige généralement vers la police ou le sport de compétition, comme les sports de vitesse ou les arts martiaux. Il pourra aussi être chef d'entreprise et créer des start up qu'il s'empressera de revendre "vite fait" pour en créer d'autres.

Dans sa vie amoureuse, il est franc et direct.

Il serait bien avec un Bélier ascendant Balance, ou un Lion ascendant Balance, ou encore un autre Bélier ascendant Bélier.

Bélier ascendant Taureau

Lorsque naît le Bélier ascendant Taureau, le Soleil est bien levé. C'est le début de la matinée. Le Soleil a commencé son ascension.

La polarité Taureau, apportée par l'ascendant, va donner à ce Bélier sa coloration vénusienne, calmant quelque peu ses ardeurs.

Certes, toujours fondamentalement fait pour être un chef et surtout pas fait pour obéir, mais trompeur par son aspect physique, ses grands yeux doux, son amour de la nature qui le fait redevenir un grand enfant, humant avec complaisance l'odeur des fleurs et de l'herbe coupée. Grâce à son ascendant, il saura maîtriser son impulsivité ou l'utiliser. Il saura retenir son impatience et, si on lui marche sur les pieds, ce sera le coup de pied de "l'âne", car pour l'ascendant Taureau, la vengeance est un plat qui se mange froid.

D'un côté la voiture rapide et l'avion, de l'autre la maison cossue avec la petite famille bien au chaud à l'intérieur, sans oublier les rideaux et les coussins. D'un côté une vie internationale, de l'autre un lieu à la campagne pour s'y ressourcer. Tel est son idéal. Il est capable de fournir de gros efforts pour réussir. L'argent a une grande importance pour lui. Il a toutes les chances d'en gagner beaucoup, mais aussi d'en dépenser pour ses plaisirs.

Il pourrait se diriger vers une profession alliant l'art et la beauté d'un côté et les affaires de l'autre, la production dans le cinéma et la télévision.

Conquérant et possessif, il serait bien avec un autre Bélier ascendant Bélier, avec un Bélier ascendant Balance, avec un Lion ascendant Balance.

Bélier ascendant Gémeaux

Lorsque naît le Bélier ascendant Gémeaux, le Soleil s'approche du Milieu du Ciel. C'est la dernière partie de la matinée.

Ce sera l'alliance du dynamisme et de la finesse. Fonceur et sous ses aspects fanfarons et malicieux, assez fragile, voire timide. Tel est ce natif des Gémeaux. Indépendant, et aimant la distraction, ne supportant pas la monotonie, il est vif, mobile, curieux de tout.

Son sens de l'humour est très développé, parfois pince sans rire, lançant des piques dévastatrices. Avec lui, susceptibles s'abstenir. Jeune d'esprit, il est toujours dans le vent, mais sait garder sa propre originalité.

Il peut être insupportable comme un vilain gamin, balançant aux gens, sans crier gare, leurs quatre vérités, mais sachant aussi trouver les mots qui les font fondre ou hurler de rire. Il aime les voyages, les arts et la musique. Il est capable de jouer en virtuose d'un instrument. Agile et sportif, il pourrait également faire de la danse classique. Il est malin, doué pour les mathématiques, l'écriture, l'informatique et le commerce et manie avec dextérité les outils modernes. Doué pour tout, curieux de tout, il aura des problèmes de choix au niveau de sa vie professionnelle. Il peut aussi foncer dans une direction pour soudain s'en lasser n'y trouvant plus aucun intérêt.

Dans sa vie affective, il lui faut des affinités intellectuelles.

Il serait bien avec un Bélier ascendant Sagittaire qui saurait l'emmener à travers la planète visiter les pays lointains ou avec un autre Bélier ascendant Gémeaux.

Bélier ascendant Cancer

Lorsque naît le Bélier ascendant Cancer, le Soleil est très haut sur l'horizon. On est aux environs de midi. Le Soleil est pratiquement au Milieu du Ciel.

À la polarité lunaire, apportée par l'ascendant, s'ajoutera une coloration solaire, due à la position du Soleil au sommet du thème.

Au feu du Bélier, à l'ambition solaire, s'associera une personnalité réceptive, imaginative et très émotive.

Entre son impulsivité et sa forte émotivité, ce natif du Bélier aura parfois du mal à garder un équilibre, oscillant entre le besoin d'aller de l'avant, de conquérir le monde et celui de se replier dans sa grotte. La famille sera son ancrage, de même que son foyer.

Drôle de mélange qui fait de lui un être à la fois tendre et obstiné, tantôt brusque, tantôt romantique et fleur bleue, tantôt économe, tantôt dépensier.

Il a parfois tendance à prendre ses rêves pour la réalité, mais cela ne l'empêche pas de passer à l'acte. Il repart régulièrement à la conquête du monde, car ascendant Cancer ou pas, un Bélier reste un Bélier, il lui faut dominer, conquérir, être reconnu comme étant le meilleur.

Il pourrait se diriger vers l'import-export, notamment vers le commerce d'antiquités ou d'objets de décoration ou encore de produits alimentaires, mais il pourrait aussi écrire des romans tant son imagination est fertile. Il serait capable de devenir célèbre.

Dans sa vie amoureuse, il est à la fois tendre et romantique, mais fragile.

Il serait bien avec un Bélier ascendant Capricorne, un Sagittaire ascendant Capricorne ou un autre Bélier ascendant Cancer.

Bélier ascendant Lion

Lorsque naît le Bélier ascendant Lion, le Soleil est haut dans le ciel mais il a commencé sa descente vers l'ouest. C'est le début de l'après-midi.

Doublement feu, ce natif du Bélier sera caractérisé par son énergie, son audace, son ambition, son désir de briller, d'être en scène.

Pas facile, il pique de belles colères mais se calme rapidement. Il n'est pas rancunier. Il est droit, net et ne supporte ni la malhonnêteté ni la médiocrité.

Il est fier, sans concessions. Il ne s'abaisse jamais à faire des actes qui le déshonoreraient, ne fait jamais de mal à un être plus faible ou sans défense, car il défend un idéal assez chevaleresque. Il a de la classe. Il aime tout ce qui est beau et noble.

Il aime le luxe, ce qui est authentique. Mais, en cas de problème d'argent, il préfère une maison dépouillée plutôt que confortable et laide. Cependant on peut lui faire confiance : avec trois beaux objets, il transforme sa maison en palais.

Il est sportif et gourmand. Il aime les spectacles et les jeux.

Il a du mal à obéir et supporte difficilement d'être subordonné à quelqu'un dans son travail.

Il pourrait se diriger vers la direction d'une affaire ou d'une entreprise, monter une start up.

Créatif, il pourrait aussi faire carrière dans la peinture,

le graphisme, l'architecture, la sculpture ou encore le théâtre, grâce à sa présence naturelle et son sens de la scène.

Dans sa vie amoureuse il est bouillant, vibrant et honnête.

Il serait bien avec un Lion ascendant Lion, avec un autre Bélier ascendant Lion ou avec un Bélier ascendant Verseau.

Bélier ascendant Vierge

Lorsque naît le Bélier ascendant Vierge, le Soleil décline vers l'ouest. C'est la fin de l'après-midi.

La polarité Vierge, apportée par l'ascendant, va donner à ce Bélier sa coloration mercurienne faite de finesse et d'intelligence.

L'impulsivité et l'esprit de conquête de ce natif du Bélier vont être freinés ou plutôt tenus en laisse par la réflexion et la prudence de la Vierge.

Doué d'une logique imparable et d'un esprit critique aigu, ce natif est capable de percer à jour les moindres défauts, la moindre faille dans un projet. Ce qui fait que, avant de passer à l'acte, tout sera passé au crible dans les moindres détails.

Il a horreur des injustices et ne se prive pas de faire

savoir ce qu'il pense avec vigueur, quand il trouve que "ça dépasse les bornes".

Il a soif de connaissances, a besoin pour y voir clair de les ranger et de les classer. Il s'intéresse à de nombreux domaines et réussit à avoir des compétences aussi bien dans les sciences que dans le domaine artistique, ou médical. Il sait parfaitement diriger, aussi peut-on le trouver à la tête de toutes sortes d'entreprises, qu'il s'agisse de laboratoire de chimie, de biologie ou à la tête d'une université ou d'un programme d'études universitaires.

Ce qui ne l'empêche pas de savoir se mettre au service des autres, d'aimer les soigner, leur donner des conseils.

Dans sa vie affective il choisit judicieusement son partenaire.

Il serait bien avec un autre Bélier ascendant Vierge, avec un Bélier ascendant Poissons ou avec un Lion ascendant Vierge.

Bélier ascendant Balance

Lorsque naît le Bélier ascendant Balance, le Soleil se couche en même temps que la Balance. Il est au descendant.

La coloration vénusienne apportée par l'ascendant va donner à ce Bélier sa note élégante et raffinée.

Ce natif du Bélier, comme tout Bélier ardent, est impulsif et indépendant, mais aimable, élégant et sociable.

Très tourné vers les autres, cherchant à établir des relations avec des gens dynamiques et brillants, il s'épanouit à leur contact et donne alors le meilleur de lui-même. Il aime être beau et chic. Il sent la mode, mais garde une certaine indépendance et une certaine liberté vis à vis d'elle. Il n'en sera jamais l'esclave mais sera plutôt celui que l'on va copier.

Intuitif, sensible, il recherche l'harmonie avec la société. Mais, parfois, son impulsivité lui fait prononcer des paroles qu'il regrettera par la suite, mais qui peuvent lui valoir des ennemis puissants et des procès.

Il a un sens aigu de la justice et est prêt à tout pour défendre cet idéal. Aussi, pourrait-il se tourner vers le barreau. Mais il peut également se diriger vers une carrière artistique, comme la musique ou le cinéma, d'autant qu'il aime s'entourer de vedettes ou de gens importants.

L'amour a pour lui une grande importance, d'autant qu'il a horreur de la solitude. Il a toutes les chances de faire un mariage brillant, mariage qui l'aidera à réussir sa vie socioprofessionnelle.

Il serait bien avec un autre Bélier ascendant Balance ou avec un Gémeaux ascendant Balance.

Bélier ascendant Scorpion

Lorsque naît le Bélier ascendant Scorpion, le Soleil est couché. C'est le début de la nuit.

La polarité Scorpion, apportée par l'ascendant, va donner à ce Bélier sa vigoureuse note plutonienne.

Ce natif du Bélier va déborder d'énergie. Il sera tout autant impulsif, qu'un pur Bélier, mais plus tenace. Sa volonté se fera moins par à-coups, d'avantage sur le long terme ; elle est toutefois puissante, voire tyrannique. Il peut se montrer dur et même violent.

Il est intelligent et a soif d'absolu. Il ne se contente pas d'"à peu près" et a besoin de comprendre les choses en profondeur.

Il est intelligent et a un sens critique très développé. Aucune faille ne lui échappe chez ses adversaires et ses critiques se font sans prendre de gants.

Il sait que l'argent est le nerf de la guerre et veille à avec attention aux clauses financières de ses contrats. Il sait très bien se débrouiller pour obtenir des crédits bancaires ou obtenir de l'argent par association.

Il est fasciné par la vie, la mort, la sexualité, tout ce qui est mystérieux, par l'au-delà, par l'ésotérisme.

Il pourrait se diriger vers l'armée, la police, la biologie, la sexologie. Ou encore vers un domaine artistique, comme la littérature ou le cinéma, dans des genres fantastiques ou sanglants.

En amour, il est possessif et jaloux. Passionné et très

sexuel, il possède une grande force attractive, dont il use sans scrupule.

Il serait bien avec un autre Bélier ascendant Scorpion, avec un Bélier ascendant Taureau ou un Lion ascendant Scorpion.

Bélier ascendant Sagittaire

Lorsque naît le Bélier ascendant Sagittaire, on n'est pas loin de minuit. Le Soleil s'approche du Fond du Ciel.

La polarité Sagittaire, apportée par l'ascendant, va donner à ce Bélier sa coloration jupitérienne, faite d'enthousiasme et d'optimisme.

Ce natif du Bélier, deux fois feu, va être particulièrement dynamique, chaleureux, franc, direct, sans la moindre hypocrisie. Extraverti, il a une présence naturelle et sur sa bonne mine les gens ont tendance à lui faire confiance. Il a le sens de l'ordre, de la justice. Il respecte les traditions et fait preuve de tolérance envers les autres formes de culture ou de religion. Il s'y intéresse d'ailleurs vivement.

Tourné vers les buts qu'il souhaite atteindre, il lui faudra canaliser son trop plein d'énergie dans l'action, le sport. Il est bon vivant et aime s'entourer d'amis de tous bords, sans discrimination.

Il est très attiré par les voyages lointains à l'autre bout

du monde. Il est aussi vivement attiré par la spiritualité et éprouve le besoin de s'instruire et de se cultiver en permanence. Il aime la musique et les arts.

Il pourrait se diriger vers l'enseignement, la justice, la politique. Il pourrait être explorateur et conférencier. Quoiqu'il fasse, il a souvent beaucoup de succès à l'étranger.

Dans sa vie amoureuse, il est direct et joyeux, sans complexe, et chaleureux.

Il serait bien avec un Sagittaire ascendant Sagittaire, avec un Lion ascendant Sagittaire, ou un autre Bélier ascendant Sagittaire, ou ascendant Gémeaux.

Bélier ascendant Capricorne

Lorsque naît le Bélier ascendant Capricorne, on est aux environs de minuit, le Soleil se trouve tout proche du Fond du Ciel.

La polarité Capricorne, apportée par l'ascendant, va donner à ce Bélier sa coloration saturnienne faite de sérieux et de prudence.

On comprend que ce natif du Bélier se montre beaucoup moins impulsif qu'un pur Bélier. Réservé, il maîtrise la plupart du temps ses impulsions.

Il sait que l'on n'arrive à rien sans la maîtrise de soi et sans l'effort. Il est travailleur et persévérant. Ce qui ne l'empêche pas d'éclater dans de belles colères, lorsque son tempérament Bélier prend le dessus. Il lui faut bien une soupape de sécurité.

Très résistant physiquement, il est sportif et aime la marche en montagne, la varappe, le ski.

Sa maison, son foyer ont pour lui une grande importance. Il aime y recevoir des gens importants et dynamiques, qui lui rappellent l'environnement au sein duquel il a vécu lorsqu'il était enfant.

Il est ambitieux et aime assez commander, ou plutôt, il n'aime pas trop obéir.

Il pourrait se diriger vers la politique, l'immobilier, les sciences de la Terre, comme la géologie, la climatologie. Il pourrait mettre un certain temps pour arriver au sommet de sa carrière mais a toutes les chances de finir ses jours dans la réussite.

Dans sa vie amoureuse, il cache, sous ses airs dignes, une grande sensualité.

Il serait bien avec un Bélier ascendant Cancer, un Sagittaire ascendant Capricorne ou un autre Bélier ascendant Capricorne.

Bélier ascendant Verseau

Lorsque naît le Bélier ascendant Verseau, on est au cœur de la nuit. Minuit est passé.

La polarité Verseau, apportée par l'ascendant, va donner à ce Bélier sa coloration uranienne.

Ce natif du Bélier va être très indépendant, dynamique, à l'aise comme un poisson dans l'eau dans le monde moderne, mais ne s'en laissant pas compter pour autant par le politiquement correct. Il pense par lui-même, comptant sur sa propre réflexion pour porter un jugement, réflexion éclairée par les nombreuses informations auxquelles il se réfère et qu'il absorbe avec facilité.

Doué d'une intelligence rapide, d'une capacité à se projeter dans le futur, il s'intéresse au monde dans lequel il vit, est à la pointe du progrès et se tient informé en permanence des nouvelles découvertes, et des nouvelles idées, utilisant avec virtuosité les nouveaux outils de l'information et de la communication.

Il aime le travail d'équipe, s'intéresse aux grandes organisations internationales, surtout celles qui luttent pour la sauvegarde des libertés. Il compte parmi ses amis des gens de qualité. Il sait partager ses idées et les faire connaître. Tourné vers l'avenir, il a toujours un grand projet en tête.

Il pourrait se diriger vers les sciences de pointe ou vers les nouvelles technologies.

Mais aussi, vers le cinéma, la télévision, la presse ou encore l'astrologie.

Dans sa vie amoureuse, il n'aime pas se trouver enchaîné et serait plutôt partisan de l'union libre.

Il serait bien avec un autre Bélier ascendant Verseau

ou avec un Sagittaire ascendant Lion ou encore un Bélier ascendant Lion.

Bélier ascendant Poissons

Lorsque naît le Bélier ascendant Poissons, c'est la fin de la nuit. Il fait encore noir, mais le Soleil est sous l'horizon.

La polarité Poissons, apportée par l'ascendant, va donner à ce Bélier sa coloration neptunienne.

Ce natif du Bélier, va prendre un petit air rêveur et romantique, traduisant son extrême sensibilité.

Sous cette apparence quelque peu trompeuse se trouve toujours le bouillant Bélier, mais ses impulsions sont amorties par l'écoute attentive et altruiste des Poissons.

Intrépide et indépendant, mais réservé, secret, ce Bélier peut faire illusion. Contemplatif et actif, il passe d'une face à l'autre de sa personnalité, suivant les événements, suivant ce qu'il ressent, selon son humeur du moment.

Il a l'esprit religieux et mystique, il a des dons de voyance.

Il est gourmand et aime le bon vin, mais surtout en réalité pour l'ivresse qu'il procure. Il serait tenté, parfois, par les paradis artificiels. Il aime la mer, la musique, la poésie et vit dans un monde à part, d'où il sort comme une fusée pour s'activer avec vivacité suivant les objectifs en vue.

Il pourrait se faire moine ou être agent secret. Mais il se dirige généralement vers un métier artistique, comme la musique ou vers la médecine, la recherche en laboratoire ou encore vers un métier en rapport avec les voyages. Il pourrait choisir la mer et faire le tour du monde en solitaire à la voile.

L'amour est une affaire très importante pour lui.

Il serait bien avec un Sagittaire ascendant Poissons, un autre Bélier ascendant Poissons ou un Bélier ascendant Vierge.

♉

les Taureaux

Le Taureau est le second signe du zodiaque, le premier signe de terre. Il est féminin comme tous les signes de terre. Sa planète est Vénus. La Lune, dont le croissant rappelle la forme en arc de cercle de ses cornes, y est exaltée.

Dans l'homme zodiaque, il régit la mâchoire inférieure, le cou.

Il est représenté par un taureau, qui, avec ses quatre pattes trapues et son cou puissant, symbolise la stabilité, la puissance. On l'associe à la campagne, à l'herbe verte, qui d'ailleurs est la couleur de Vénus.

Le Taureau, qui peut aussi bien être assimilé à une vache ou à un bœuf, est avant tout un signe de puissance, de force vitale, de travail et de fécondité. Il est associé aux nourritures terrestres. Il évoque le confort, la richesse matérielle, la nature, les plantes, l'herbe et les fleurs, le blé, le pain.

On comprend que les natifs du Taureau aiment la nature et les nourritures terrestres, le confort, l'argent, le plaisir des sens, les couleurs intenses, les sons puissants. Rien de gringalet, chez les Taureaux, tout en force.

A l'image du bœuf qui tire la charrue, ils sont travailleurs et persévérants. Ils aiment l'argent et sont doués pour en faire. C'est pourquoi, ils peuvent devenir banquiers. En tout cas, ils font tout pour se donner des bases matérielles solides.

Par Vénus, ils aiment l'amour, ils sont sensuels, mais possessifs et jaloux.

Par le cou "ils ont de la voix". C'est pourquoi de nombreux chanteurs appartiennent à ce signe.

Ils ont une beauté sensuelle, de grands yeux dans un visage assez large, un nez droit.

Taureau ascendant Taureau

Lorsque naît le Taureau ascendant Taureau, le Soleil se lève en même temps que le signe. Il est à l'ascendant.

Le Taureau ascendant Taureau est donc doublement marqué par ce signe, mais le Soleil levant va ajouter sa touche éclatante, le faisant parfois passer pour un Lion.

Ce natif du Taureau a une forte personnalité. Il a besoin de briller et demeure un tantinet égocentrique.

Il est calme, mais peut être sujet à de brusques colères, qui peuvent aussi bien éclater à la suite d'un affront déjà ancien. Car il lui faut ruminer ce qu'il a vu et entendu. Il est travailleur, obstiné, tenace, et est capable de s'atteler à un travail d'envergure demandant du temps.

Gourmand, ce Taureau aime particulièrement les festins, le confort, les tissus de bonne qualité et agréables au toucher. Il lui faut une maison cossue avec des tentures épaisses et des coussins colorés, des meubles solides. Il adore la nature, il a besoin de faire des séjours à la campagne pour se ressourcer en contemplant la verdure. Lui d'abord, son confort d'abord, après on verra.

Il pourrait se diriger vers la banque, placer son argent dans les mines ou les tableaux de maître. Il pourrait aussi être agriculteur, horticulteur ou fabriquer des produits alimentaires. Il pourrait être promoteur immobilier ou entrepreneur ou encore chanteur ou peintre.

C'est un grand amoureux.

Il serait bien avec un Scorpion ascendant Taureau ou ascendant Scorpion ou encore Taureau ascendant Taureau ou Scorpion.

Taureau ascendant Bélier

Lorsque naît le Taureau ascendant Bélier, le Soleil n'est pas encore levé. Il est caché sous l'horizon.

Ce qui va donner un côté secret à ce Taureau.

Bien fin celui qui le comprendra, d'autant que son ascendant Bélier, tout en le faisant foncer, ne l'empêchera pas de ruminer et de savourer sa vengeance, sept ans après, s'il le faut. Selon la façon dont il sera luné, il s'enfermera dans un mutisme pénible ou éclatera dans une violente colère ou encore sera tout à fait charmant. Entre son esprit de vengeance et ses colères immédiates, il vaudra mieux toutefois faire partie de ses amis.

Comme tout Taureau qui se respecte, il aimera la campagne et fera tout pour avoir une résidence secondaire lui permettant de profiter des plantes et des animaux. Mais son ascendant Bélier le sortira de sa tanière et lui donnera le goût des voyages.

A la fois costaud et aimant le risque, il pourrait pratiquer les arts martiaux et faire des compétitions de haut niveau.

Il aimera l'argent, fidèle en cela à son signe, mais saura parfois risquer gros, et parfois, d'une façon irréfléchie. Aussi subira-t-il bon nombre d'épreuves sur le plan financier. En affaires, il saura garder le secret et réussir de gros coups, par exemple, dans l'import-export. Mais il pourrait aussi choisir le métier d'écrivain, restant des heures entières enfermé derrière son ordinateur, pour ressurgir à l'extérieur, poussé par sa soif d'aventures.

Grand amoureux, il serait bien avec un Taureau ascendant Bélier comme lui, avec un Taureau ascendant Balance ou un Cancer ascendant Balance.

Taureau Ascendant Gémeaux

Lorsque le Taureau ascendant Gémeaux voit le jour, le Soleil est bien levé.

L'ascendant Gémeaux, avec sa coloration mercurienne, va raffiner quelque peu le Soleil en Taureau. Toujours Taureau, certes, il ne s'agit pas de lui demander de se faire immatériel, évanescent. Mais le côté sérieux du Taureau va se cacher sous un aspect particulièrement juvénile. A la beauté vénusienne du Taureau se joindra la prestance et le charme quelque peu adolescent des Gémeaux, de leur humour. Au charme de sa voix de velours s'associeront l'intelligence et les mots qui convainquent.

Ce Taureau là ne va pas se mettre à cracher sur les nourritures terrestres et les plaisirs matériels de la vie. L'argent sera très important pour lui, il en aura besoin pour voyager et pour monter des affaires pour lesquelles il sera particulièrement doué. Mais il sera plus insouciant et plus joueur. Il lui faudra échanger ses idées, idées qui seront d'autant plus intéressantes qu'il les aura longuement mûries dans sa tête. Il aimera particulièrement les arts. Son goût des couleurs et des sons, le développement particulièrement intense de ses cinq sens, se doubleront d'une perception raffinée plus intellectualisée.

Il pourrait donc se diriger vers la banque, les affaires ou les arts comme la musique, la peinture ou encore la littérature ou la télévision.

En amour, il est sensuel et raffiné.

Il serait bien avec un autre Taureau ascendant Gémeaux, avec un Taureau ascendant Sagittaire, un Scorpion ascendant Sagittaire.

Taureau ascendant Cancer

Lorsque naît le Taureau ascendant Cancer, c'est la fin de la matinée, le Soleil se rapproche du Milieu du Ciel.

La polarité Cancer, apportée par l'ascendant, va donner à ce Taureau sa coloration lunaire.

Ce natif du Taureau accordera une grande importance à sa famille, au passé, à l'histoire. Intelligent, imaginatif, rêveur, il sera moins stable qu'un pur Taureau, mais tout aussi rancunier et capable de grandes colères.

Il recherche bien souvent la sécurité dans la nourriture. Manger est important et surtout ne pas manger n'importe quoi. Inutile de songer, même de loin, à lui faire avaler un sandwich à la sauvette pour calmer sa faim. Manger, mais aussi boire et non un vulgaire coca mais un vin correct, c'est à dire excellent.

L'argent est très important pour lui. Aussi veillera-t-il au grain en ce qui concerne ses finances.

Il pourrait gagner beaucoup d'argent par le commerce, en allant chercher de l'autre côté de l'océan des denrées ou des objets anciens qu'il saura tout à fait bien revendre au meilleur prix.

Car il sait, sans effort, détecter un objet faux d'un objet authentique.

Il pourrait aussi se diriger vers l'écriture, écrivant des romans à succès ou des scénarios pour des films.

Dans sa vie amoureuse il est sentimental, sensuel et possessif.

Il serait bien avec un autre Taureau ascendant Cancer, avec un Taureau ascendant Capricorne qui le stabiliserait ou avec un Scorpion ascendant Cancer qui l'exciterait.

Taureau ascendant Lion

Lorsque naît le Taureau ascendant Lion, le Soleil culmine ou est tout près de sa culmination. Autrement dit, on est aux environs de midi, heure solaire évidemment.

La polarité Lion, apportée par l'ascendant, va donner à ce Taureau sa coloration solaire, coloration renforcée du fait que le Soleil culmine au sommet du thème.

Ce natif du Taureau va donc être particulièrement ambitieux. Pas question de le comparer à une "soi-disant" vache qui regarde passer un train. Il a toute la noblesse du roi des animaux, son côté brillant, son besoin de paraître. Se cacher dans une grotte n'est pas son affaire. Ce qui ne veut pas dire qu'il n'aime pas parfois la solitude, mais dans des endroits de préférence sublimes. Amoureux de la nature et des espaces majestueux et superbes, il aimerait bien vivre dans un palais avec un immense parc, dans lequel il donnerait des fêtes de temps en temps. Il aime pleinement profiter de la vie dans ce qu'elle a de mieux.

Il se bat sans lésiner pour réussir. Il ne fera pas de cadeau à ses adversaires et saura devenir le plus admiré. En général, d'ailleurs, il aura été élevé dans ce sens par sa mère, elle-même personne fort brillante.

Il pourrait se diriger vers le théâtre ou le cinéma, la musique, l'architecture. Mais aussi vers les affaires, la politique.

Dans sa vie amoureuse il est très exigeant. Il est jaloux et orgueilleux.

Il serait bien avec un autre Taureau ascendant Lion ou ascendant Verseau, avec un Cancer ascendant Lion.

Taureau ascendant Vierge

Lorsque naît le Taureau ascendant Vierge, le Soleil est encore très haut dans le ciel. C'est l'après-midi.

La polarité Vierge, apportée par l'ascendant, va apporter à ce Taureau sa coloration mercurienne.

Ce natif du Taureau sera plus fin, plus intellectuel, mais aussi plus nerveux, plus anxieux qu'un pur Taureau.

Jaloux, nerveux, critique, il n'est pas toujours commode. Il ne faut pas le prendre de front.

Il joindra à l'opiniâtreté, à la concentration et à la patience du Taureau, une logique rigoureuse, un sens aigu des détails, et un esprit critique sans compromission.

Il est intelligent et travailleur, mais attiré par les plaisirs. Il est attiré par tout ce qui est beau et agréable. Il a besoin de posséder, qu'il s'agisse de maisons, de propriétés, d'objets ou de comptes en banque. Il aime les jeux et les plaisirs de toutes sortes. Il adore les spectacles et les fêtes, dans lesquels il s'épanouit, mais il est lui - même très créatif et doué pour les arts et l'écriture, et, en général, très cultivé.

Il pourra dépenser et gagner de l'argent dans ces domaines.

Il pourrait se diriger vers la scène, le chant, la peinture, notamment celle des paysages, la restauration.

L'amour et ses plaisirs tiennent une grande place dans sa vie, mais son esprit critique, qui vient se mêler à ses sentiments, le rend méfiant et il a du mal à s'engager.

Il serait bien avec un autre Taureau ascendant Vierge, avec un Cancer ascendant Vierge, un Scorpion ascendant Poissons.

Taureau ascendant Balance

Lorsque naît le Taureau ascendant Balance, c'est la dernière partie de l'après-midi, le Soleil décline vers l'ouest.

La polarité Balance, apportée par l'ascendant, va apporter sa coloration vénusienne à ce déjà vénusien, mais également sa note saturnienne, qui va lui apporter le sens de la justice.

Ce natif du Taureau va avoir ses qualités esthétiques encore accentuées, mais deviendra plus rigoureux en ce qui concerne la morale et l'équité.

Réfléchi, intuitif, sociable, sa grande affaire sera le travail, au milieu duquel il s'épanouira et s'affirmera, à condition de s'engager dans une profession conforme à ses aspirations.

Il est gourmand et sensuel et doit veiller à ne pas

prendre du poids. Mais il fera attention car il se préoccupe de sa ligne, de son look et de sa santé.

Il souffre énormément des injustices et rumine de sombres vengeances envers ceux qui lui ont causé du tort, notamment sur le plan financier, car l'argent, les possessions, sont son talon d'Achille, mais il ne passe pas à l'acte.

L'art et l'esthétisme occuperont une grande place dans sa vie. La mode, la parfumerie, la coiffure mais aussi la peinture, le cinéma et tout particulièrement la musique, notamment le chant.

Il pourrait se diriger vers l'un de ces domaines.

Sa vie amoureuse est intense, il rêve de stabilité mais il a tellement besoin de séduire et tellement de mal à faire des choix, qu'il lui est difficile d'être stable.

Il serait bien avec un autre Taureau ascendant Balance, avec un Cancer ascendant Balance, un Capricorne ascendant Bélier.

Taureau ascendant Scorpion

Lorsque naît le Taureau ascendant Scorpion, le Soleil se couche en même temps que le Taureau.

Il se trouve au descendant.

La polarité Scorpion, apportée par l'ascendant, va apporter à ce Taureau sa coloration plutonienne.

Elle va lui donner une extraordinaire vigueur mais aussi une certaine agressivité.

Ce natif du Taureau a une volonté de fer, et une solide constitution. Ses désirs sont puissants et le poussent à l'action, parfois sans se soucier des autres. Aussi se trouve-t-il, assez fréquemment, face à des ennemis puissants, qui peuvent lui faire des procès.

Pourtant, il recherche les contacts, la vie sociale est très importante pour lui et il sait se montrer extrêmement séduisant. Il se dirige de préférence vers des gens importants et puissants qui, dans un premier temps, peuvent l'aider à se réaliser.

Il s'épanouit lors des échanges avec les autres, car il aime la discussion, les échanges d'idées, mais le problème est, qu'au bout d'un moment, il veut toujours avoir raison et ne prend pas toujours des gants pour faire valoir ses arguments. De plus son esprit incisif, son habileté à voir les défauts ou les erreurs des autres ne facilite pas toujours la bonne entente.

Il pourrait se diriger vers l'architecture, la musique, la banque.

Très sensuel et sexuel, il est très attirant et peut faire un grand mariage qui l'aidera à monter dans l'échelle sociale.

Il serait bien avec un Scorpion ascendant Taureau ou un autre Taureau ascendant Scorpion.

Taureau ascendant Sagittaire

Lorsque naît le Taureau ascendant Sagittaire, le Soleil est couché. C'est le début de la nuit.

La polarité Sagittaire, apportée par l'ascendant, va donner à ce Taureau sa coloration jupitérienne, souriante, extravertie.

Ce natif du Taureau aura, à la fois, la grâce vénusienne du Taureau, et l'aspect chaleureux du Sagittaire. Il est dynamique, exubérant.

Il a le sens de la justice, de la morale. Il respecte l'ordre et les traditions. Il s'intègre facilement dans la société, dont il suit les règles avec aisance. Il parle bien et avec une belle voix. Il a de la présence.

Il aime le sport et sa robuste constitution, sa grande force physique lui permettent de pratiquer des sports d'endurance ou demandant de la force.

Il aime la vie et a de forts appétits. Il aime boire et manger. Il aime les honneurs et les voyages. Il s'intéresse aux chevaux.

Il peut aussi être fasciné par l'ésotérisme, être attiré par une voie spirituelle.

L'argent est très important pour lui. Il a d'ailleurs des chances de recevoir de l'argent par héritage, par mariage ou association. Il obtient facilement des crédits de la part des banques et veille toujours lorsqu'il signe un contrat à ses intérêts. Mais il peut aussi prendre des risques et perdre beaucoup.

Il pourrait se diriger vers les assurances, la banque, le notariat, l'immobilier.

Dans sa vie amoureuse il est sensuel et la sexualité le fascine. Il peut se marier deux fois.

Il serait bien avec un autre Taureau ascendant Sagittaire, avec un Sagittaire ascendant Taureau, avec un Cancer ascendant Sagittaire.

Taureau ascendant Capricorne

Lorsque naît le Taureau ascendant Capricorne, on se rapproche de minuit.

La polarité Capricorne, apportée par l'ascendant, va donner à ce Taureau sa coloration saturnienne, faite de contrôle de soi et de sérieux.

Ce natif du Taureau est solide et résistant, travailleur, patient, capable de faire des plans à longue échéance et de s'y tenir. Stoïque, il ne se laisse pas détruire par les difficultés de l'existence.

Doué d'une grande puissance de concentration, il fait preuve, même dans sa jeunesse, d'une certaine maturité. On peut lui faire confiance, lui confier des postes d'autorité. Il est prudent et prévoyant, il fait attention à ce qu'il dit, ne parle jamais à tort et à travers. Il a de puissants appétits, mais tente de les contrôler.

Mais il peut manquer de laisser-aller et d'enthousiasme, ce qui peut le freiner dans sa réussite, la retarder.

Il s'intéresse aux questions sociales, aux grandes questions philosophiques, voire métaphysiques, à la justice, aux lois. Il est attiré par les voyages.

Il pourrait se diriger vers l'enseignement, la magistrature, la politique. Ou encore dans une activité artistique.

Sous son aspect sérieux et réservé, il est très attiré par le sexe opposé et à moins qu'il décide de suivre une voie ascétique, ce qui n'est pas impossible, la vie amoureuse aura une grande importance dans sa vie.

Il serait bien avec un autre Taureau ascendant Capricorne, avec un Taureau ascendant Cancer, avec un Capricorne ascendant Cancer.

Taureau ascendant Verseau

Lorsque naît le Taureau ascendant Verseau, on est aux environs de minuit. Le Soleil est au Fond du Ciel.

La polarité Verseau, apportée par l'ascendant, va donner à ce Taureau sa coloration uranienne, faite d'indépendance et d'originalité.

Ce natif du Taureau va prendre un air aérien, plus fin, plus élancé. Il sera d'avantage tourné vers la connaissance que vers les plaisirs terrestres et les biens matériels. Intuitif, nerveux, épris de liberté, réagissant au quart de tour, et quelque peu irritable. Mais serviable, aimant rendre service à autrui, honnête.

Doué d'un grand pouvoir d'assimilation, travailleur, il est doté de plus, d'une intelligence rapide, innovante, capable d'associer des éléments de connaissance que personne n'aurait eu l'idée avant lui, de faire. Inventif et créatif, il est bien souvent en avance sur son temps et a, d'ailleurs, du mal à se faire entendre. Aussi, sa réussite peut -elle mettre un certain temps avant d'aboutir. Mais, en général, il arrive à ses fins et finit sa vie dans les honneurs.

Son jardin secret, c'est sa maison qui est son lieu de plaisir, meublé et décoré avec soin, et où il règne au milieu des siens.

Il pourrait se diriger vers les sciences de la terre, mais aussi vers la biologie, la vulcanologie ou encore vers une branche artistique.

Voluptueux dans sa vie affective, il lui faut cependant des affinités intellectuelles.

Il serait bien avec un autre Taureau ascendant Verseau, un Taureau ascendant Lion, un Scorpion ascendant Lion.

Taureau ascendant Poissons

Lorsque le Taureau ascendant Lion voit le jour, on est au cœur de la nuit. Minuit est passé depuis un moment.

La polarité Poissons, apportée par l'ascendant, va donner à ce Taureau sa coloration neptunienne, intuitive et mystique.

Ce natif du Taureau est tout à fait aimable, généreux, modeste, hospitalier ; hyper sensible, porteur d'un charme indéfinissable. Non seulement il réagit à tout ce qui peut être capté par les cinq sens comme les couleurs, les odeurs, les sons, à leur harmonie, mais aussi au monde subtil de la poésie, au monde de l'invisible, captant les émotions cachées, sentant les événements à venir.

Il n'est pas désincarné pour autant. Sociable et gourmand, il aime s'entourer d'amis avec lesquels il lui arrive de faire la fête et de rêver à de grands projets. Il est parfois secret, mais s'intègre parfaitement dans un travail d'équipe, ce qui le rassure car il est souvent inquiet. Il aime les voyages et la mer mais aussi la campagne.

Il est religieux et aspire à autre chose que la vie matérielle. Et si le reste du thème le précise, il peut se diriger vers la drogue ou l'alcool. Mais, en général, c'est dans la musique que son esprit se dissout.

C'est d'ailleurs un des domaines vers lequel il pourrait se diriger. Vers le chant notamment. Mais il peut aussi s'orienter vers le cinéma, la télévision. Il peut créer des images de synthèse.

En amour, il est sensuel et gourmand et parfois mystique. Il rêve d'une union totale.

Il serait bien avec un autre Taureau ascendant Poissons, avec un Cancer ascendant Poissons, avec un Taureau ascendant Vierge.

♊

les Gémeaux

Les Gémeaux forment le troisième signe du zodiaque, le premier signe d'air. Il est masculin comme tous les signes d'air. Sa planète est Mercure.

Dans l'homme zodiaque, il régit les épaules, les bras, les mains.

Il est représenté par deux jeunes êtres, en général deux jeunes gens (deux frères jumeaux), qui se tiennent par les épaules. Souvent, l'un d'eux tient une lyre.

On comprend qu'on est loin des Béliers fonceurs et des Taureaux costauds. La première caractéristique des Gémeaux est donc la jeunesse, à ne pas confondre avec l'enfance. Ils sont le symbole de la camaraderie, des grandes amitiés nouées à l'adolescence.

On comprend que les natifs des Gémeaux restent toute leur vie des sortes de grands adolescents. Tout comme eux, ils sont insouciants, aimant rire et se moquer. Mais leur esprit est curieux, ouvert à tout. Toujours en mouvement, ils ne tiennent pas en place, comme s'ils avaient des ailes aux talons. Ils ont horreur de la monotonie.

Ils ont de multiples dons. Ils sont nerveux, tour à tour anxieux et malicieux. Ils aiment la musique et bien souvent, savent eux-mêmes jouer d'un instrument de leurs doigts agiles. D'une intelligence subtile, ils sont doués pour le commerce. Enfants, ils faisaient déjà du troc en échangeant leurs bonbons contre des images comme les pokémons. Ils sont souvent doués pour les mathématiques ou l'astrologie. Ils sont ingénieux, mais peuvent manquer d'endurance. Ils peuvent aussi se disperser à force de s'intéresser à tout.

Physiquement ils sont longilignes, leurs traits sont fins, leurs yeux mobiles.

Gémeaux ascendant Gémeaux

Lorsque naît le Gémeaux ascendant Gémeaux, le Soleil se lève en même temps que le signe. Il est à l'ascendant.

Le Gémeaux ascendant Gémeaux va donc être très marqué par ce signe, mais le Soleil levant va ajouter sa note éclatante, lui donnant un petit air de Lion.

Adroit de ses mains et intelligent, le deux fois Gémeaux est apte à toutes sorte de métiers. Il est brillant, sa pensée est rapide et souple, il sait s'adapter aux choses et aux gens et retombe toujours sur ses pieds. Il aime la compagnie, il reste gai en vieillissant et semble posséder une jeunesse éternelle. Aimant rire et se moquer de lui-même comme des autres, il lui arrive, même lorsqu'il a atteint un âge assez avancé, de faire le pitre. Il est malin et "entortille" sans problème les gens à qui il a à faire. Il sait tout sur tout. Mais il est impatient et instable.

Sur le plan professionnel, il a souvent plusieurs métiers, soit les uns après les autres, soit en même temps. Il peut, par exemple, enseigner les mathématiques dans la journée et jouer le soir de la musique dans une boîte. Il serait heureux dans le journalisme qui lui permettrait de voyager, d'avoir des contacts multiples et d'étudier toutes sortes de sujets. S'il se met aux affaires, il passera sans problème de la création d'une entreprise de camions à une maison d'édition.

Dans sa vie sentimentale, c'est la même chose. En général il se marie plusieurs fois et peut donner naissance à des jumeaux.

Il serait bien avec un autre Gémeaux ou avec un Lion ou encore avec un Bélier ascendant Gémeaux ou Sagittaire.

Gémeaux ascendant Bélier

Lorsque naît le Gémeaux ascendant Bélier, on est au cœur de la nuit, après minuit, à l'heure des rêves.

La polarité Bélier apportée par l'ascendant, va donner à ce Cancer sa coloration martienne.

Elle va le dynamiser, l'aider à passer à l'acte.

Ce natif sera beaucoup plus audacieux qu'un pur Gémeaux, voire même casse-cou.

Physiquement, il alliera l'agilité corporelle et manuelle à la force et à la rapidité musculaire. Au volant de sa voiture il roulera très vite et avec une grande adresse. Il aimera les voyages.

Au niveau intellectuel, il mettra son dynamisme et son besoin d'être le meilleur au service de son intelligence.

Il saura se faire des amis et travailler en équipe. Il saura utiliser avec adresse ses relations, mais saura aussi se mettre à l'écoute de ses amis. Il aimera avec eux préparer toutes sortes de projets. Il sait créer des rapports harmonieux et courtois avec les autres, malgré les colères qu'en bon ascendant Bélier il a, de temps en temps, besoin de piquer.

Curieux des idées qui sont dans l'air, il pourrait se diriger vers les nouvelles technologies, l'électronique, l'informatique, les médias. Il s'épanouirait dans les grandes organisations internationales comme l'ONU, l'UNESCO ou encore des organismes comme "Médecins sans frontières".

Il n'aime pas vraiment la solitude.

Il serait bien avec un autre Gémeaux ascendant Bélier avec qui il aura des atomes crochus, avec un Sagittaire qui l'aidera à s'envoler vers des pays lointains et l'aventure. Il serait bien, aussi, avec un Gémeaux ascendant Bélier comme lui ou avec un Lion ascendant Balance ou Bélier.

Gémeaux ascendant Taureau

Lorsque naît le Gémeaux ascendant Taureau, le Soleil est caché sous l'horizon. C'est la fin de la nuit, mais il fait encore noir.

La polarité Taureau, apportée par l'ascendant, va donner des assises solides à l'aérien Gémeaux.

Son aspect solide, joint à son habileté, attirera la confiance des autres. Il aura nettement moins tendance à la dispersion qu'un pur Gémeaux. Son intelligence et sa curiosité seront tenues en laisse d'une main ferme. Il sera travailleur et persévérant, consciencieux, doué pour la parole. Mais il sera aussi plus méfiant et aura tendance à moins s'extérioriser. Il adore la musique et est attiré par tout ce qui est beau, confortable et luxueux. Pas fou, il s'emploiera à obtenir une aisance matérielle qui lui permettra de satisfaire ses goûts.

Plus réservé qu'un pur Gémeaux, il gardera un côté secret et alternera les périodes de grande sociabilité avec des périodes de retrait. De la même manière, il aimera aussi bien le calme de la campagne que l'animation excitante des aéroports.

Il aimera travailler dans des lieux clos à l'abri des regards indiscrets. Il pourrait se diriger vers la recherche en laboratoire, qu'il s'agisse de médecine ou de recherches nucléaires. Mais il aura du mal à se mettre en avant, ce qui freinera quelque peu sa réussite.

De même, en amour, il pourra se montrer timide. Il aura besoin de grandes affinités intellectuelles pour trouver l'âme sœur et en même temps un partenaire qui excitera sa sensualité.

Il serait bien avec un Gémeaux ascendant Taureau comme lui ou avec Gémeaux ascendant Scorpion.

Gémeaux ascendant Cancer

Lorsque le Gémeaux ascendant Cancer voit le jour, le Soleil est levé depuis un moment.

La polarité Cancer, apportée par l'ascendant, va donner à ce Gémeaux sa coloration lunaire, faite de sensibilité, de réceptivité mais aussi d'émotivité.

Ce natif des Gémeaux est particulièrement émotif. Il réagit aux ambiances et aux personnes qu'il côtoie, de sorte que son humeur est changeante, passant de l'exaltation à la mélancolie. Il reste quelque part un adolescent et parfois même un enfant, romanesque et tendre.

Il aime les distractions, les amis, les jeux et les voyages. Marqué par ses souvenirs d'enfance, il reste attaché à sa mère. Il a du mal à couper le cordon.

Imaginatif, ingénieux et inquiet, il pense qu'il est sage de se préoccuper avant tout de gagner sa vie correctement.

Comme tous les Gémeaux, il peut la gagner de toutes sortes de façons.

Il peut se diriger vers le commerce, la médecine, la littérature, la presse ou encore vers un domaine artistique comme la musique ou la photo.

Mais, bien souvent, il exerce plusieurs métiers en même temps ou successivement, car il besoin d'utiliser ses nombreux dons. Il peut aussi exercer un métier scientifique et jouer en amateur d'un instrument de musique.

Dans sa vie affective, il a besoin de quelqu'un sur qui s'appuyer, éventuellement d'un partenaire plus âgé.

Il serait bien par exemple avec un Gémeaux ascendant Capricorne. Mais aussi avec un autre Gémeaux ascendant Cancer.

Gémeaux ascendant Lion

Lorsque naît le Gémeaux ascendant Lion, le Soleil a déjà parcouru la moitié du chemin entre son lever et sa culmination à midi. C'est le milieu de la matinée.

La polarité Lion, apportée par l'ascendant, va donner à ce Gémeaux sa coloration solaire.

Poussé par l'ambition du Lion, ce Gémeaux va tenter de canaliser son énergie, de ne pas se disperser, afin de devenir le roi dans sa spécialité.

Il va s'efforcer de gagner beaucoup d'argent afin de pouvoir s'entourer de choses belles, rares et distrayantes. Il s'emploiera donc à monnayer ses talents, qu'il a nombreux.

Il est raffiné et cultivé. Il a de la prestance et de l'élégance. Il sait trouver les mots qui enchantent et touchent, lorsqu'il a décidé d'être aimable. Il a le sens de l'humour et sait dérider ses interlocuteurs lorsqu'ils sont ronchons. Mais il peut se montrer susceptible et peu commode. Sa timidité Gémeaux fait alors place à la nervosité et à la colère, sous le feu du roi des animaux. Il peut, à ce moment, se montrer caustique et blessant.

Le sens artistique de ce Gémeaux est très développé. Il a le sens de la couleur, des volumes et de la mise en scène. Il pourrait gagner sa vie en se dirigeant vers les beaux-arts ou mieux, vers un travail plus sûrement rémunérateur, comme le commerce des objets d'art ou de luxe, tels les bijoux ou les fourrures. Il pourrait aussi se diriger vers le commerce et la gestion.

Dans sa vie amoureuse, il ne supporte ni la monotonie, ni la médiocrité.

Il serait bien avec un autre Gémeaux ascendant Lion, avec un Gémeaux ascendant Verseau, ou encore avec un Sagittaire ascendant Gémeaux.

Gémeaux ascendant Vierge

Quand le Gémeaux ascendant Vierge voit le jour, le Soleil est très haut sur l'horizon. Il est proche du Milieu du Ciel. Il n'est pas loin de midi.

La polarité Vierge apportée par l'ascendant va donner à ce Gémeaux, déjà mercurien, son autre coloration mercurienne. De plus, le Soleil au sommet du thème, apportera sa touche solaire.

Ce natif des Gémeaux sera particulièrement intelligent, habile et brillant. Il tient en général son intelligence et sa présence éclatante de sa mère.

Il a l'esprit critique et moqueur, mais, sous ses grands

airs, il est assez anxieux, du fait de son esprit critique et de son perfectionnisme.

Il sait rendre service, bien que la plupart du temps, ce qu'il aime, c'est qu'on fasse cercle autour de lui.

Il est très habile de ses mains et peut réparer n'importe quel appareil électronique.

Il s'intéresse à tout. Il lui faut tout savoir sur tout ; tout comprendre ; tout connaître. C'est un bon orateur et il a le sens de la mise en scène.

Il aime paraître et avoir une vie publique.

Il peut s'intéresser aussi bien aux sciences de la nature qu'aux beaux-arts, aux mathématiques, à la médecine ou à l'astrologie. Il peut, en dehors de son métier, se tourner vers la politique.

Il est davantage excité par la connaissance et le plaisir du savoir que par l'argent. Il préfère la reconnaissance de ses talents, l'admiration qu'on peut lui porter, à l'argent.

Dans sa vie amoureuse, il recherche avant tout des affinités intellectuelles.

Il serait bien avec un autre Gémeaux ascendant Vierge ou un Verseau ascendant Poissons.

Gémeaux ascendant Balance

Lorsque naît le Gémeaux ascendant Balance, le Soleil est haut dans le ciel. C'est le cœur de l'après-midi.

La polarité Balance apportée par l'ascendant va donner à ce Gémeaux ses propres qualités, à la fois vénusienne et saturniennes.

Ce natif des Gémeaux va faire attention à son aspect physique, soigner son élégance, en se conformant aux critères de son milieu et de son temps, se mettant d'instinct en harmonie avec son entourage et avec la société dont il fait partie. Aimable, sociable et bien élevé, il n'oublie pas pour autant son sens de l'humour, et son besoin de se moquer, ajoutant ainsi du piquant à son personnage.

Il a un sens aigu de la justice, et s'adapte facilement aux circonstances, grâce à sa sociabilité naturelle, à la finesse de son intelligence et à sa grande intuition sur laquelle il s'appuie pour percevoir les autres.

Il adore la musique, il s'intéresse à l'esthétique, à la mode, à la parfumerie.

Il pourrait se diriger vers une profession en rapport avec la mode ou encore vers la création artistique, musicale ou littéraire.

Mais son sens de la justice, son besoin de la faire régner sur le monde, pourrait aussi le pousser vers le droit ou la politique.

La vie affective et le mariage sont très importants pour lui.

Il serait bien avec un autre Gémeaux ascendant Balance ou un Gémeaux ascendant Bélier ou un Lion ascendant Balance.

Gémeaux ascendant Scorpion

Lorsque naît le Gémeaux ascendant Scorpion, c'est la dernière partie de l'après-midi, le Soleil décline vers l'ouest.

La polarité Scorpion, apportée par l'ascendant, va donner à ce Gémeaux sa coloration plutonienne.

Ce natif des Gémeaux va, par certains côtés, faire penser à un Scorpion, par sa vigueur, son désir de puissance, son caractère exigeant et pas toujours commode. Sous ses propos critiques, ne laissant rien passer, se cache en réalité un grand nerveux inquiet. En fait, il fait penser à un brillant adolescent plein d'humour, mais en crise.

Il aime le sport et l'exercice physique lui permet de retrouver son équilibre.

Rempli d'énergie, on a toujours l'impression qu'il va partir à l'assaut de quelque chose et pourtant, il est extrêmement serviable.

Le travail est sa grande affaire et, en général, il réussit à trouver une profession en harmonie avec ses aspirations. Il y est heureux et apprécié, car il y fait autorité.

Il s'intéresse à tout, mais n'est pas superficiel ni dispersé. Il creuse en profondeur les sujets qui lui tiennent à cœur et n'a de cesse d'en venir à bout, ne se contentant pas d'à peu près.

Il pourrait se diriger vers la médecine, la biologie, la chimie ou encore vers le journalisme.

Il s'intéresse à la sexualité, mais d'une manière plus mentale que sensuelle.

Il serait bien avec un autre Gémeaux ascendant Scorpion, avec une Balance ascendant Scorpion ou avec un Lion ascendant Taureau.

Gémeaux ascendant Sagittaire

Lorsque naît le Gémeaux ascendant Sagittaire, le Soleil est en train de se coucher en même temps que les Gémeaux. Il est au descendant.

La polarité Sagittaire, apportée par l'ascendant, va donner à ce Gémeaux sa coloration jupitérienne.

Elle va le dynamiser, lui donner de l'enthousiasme, et une grande extériorisation.

Ce natif des Gémeaux va être tourné vers les autres. Il recherche les contacts avec des gens brillants, au top de leur profession, jeunes de caractère. Et d'ailleurs, il les attirera. A leur contact, il s'épanouira, se montrera sous son meilleur jour, drôle, cultivé, intelligent.

Direct, sans arrière-pensée, souriant, il a de la présence, il parle avec facilité, élégance et autorité.

Aventureux et sportif, il aime les voyages et s'intéresse aux langues étrangères. Il est souvent bilingue. Il aime la musique et pourrait jouer d'un instrument.

Il respecte l'ordre et les traditions, ce qui ne l'empêche pas, vis à vis des gens en place et du politiquement correct, d'exercer son sens de l'humour avec parfois une certaine causticité.

Il a une aspiration à la spiritualité et une excellente intuition.

Il pourrait se diriger vers la musique, la danse, la littérature, mais aussi vers la médecine ou encore les affaires avec l'étranger, voire l'enseignement.

Le mariage est sa grande affaire, mais il peut en faire deux.

Il serait bien avec un Sagittaire ascendant Sagittaire, un Gémeaux ascendant Gémeaux ou Sagittaire.

Gémeaux ascendant Capricorne

Lorsque naît le Gémeaux ascendant Capricorne, le Soleil est couché depuis un moment. C'est le début de la nuit.

La polarité Capricorne, apportée par l'ascendant, va donner à ce Gémeaux sa coloration saturnienne, faite de réflexion, de mesure et de sérieux.

Ce natif des Gémeaux va d'avantage se maîtriser qu'un pur Gémeaux. Plus contrôlé, plus réfléchi, plus mûr. Il saura travailler pour le long terme et sera capable de faire des études longues.

Cependant, parfois, le Gémeaux reprendra le dessus, de sorte que ce natif pourrait bien osciller entre légèreté et insouciance d'un côté, gravité et sens des responsabilités de l'autre. Balançant ainsi d'un pôle à l'autre, se reprochant sa légèreté quand l'ascendant prend le dessus et se tournant à nouveau vers l'humour et la légèreté quand les Gémeaux dominent.

Inquiet devant les difficultés de la vie, ce natif des Gémeaux aimerait bien s'assurer une base matérielle solide lui permettant de souffler un peu.

Il pourrait d'ailleurs faire quelques héritages. Quoiqu'il en soit, il défendra ses droits en cas de contrats financiers.

Le mystère de la vie et de la mort le fascine. L'ésotérisme l'attire.

Il pourrait se diriger vers la médecine, la biologie, l'astrologie ou encore les assurances.

En ce qui concerne sa vie affective, il a un certain mal à extérioriser ses sentiments.

Il serait bien avec un Gémeaux ascendant Cancer dont la tendresse l'aiderait à s'épanouir ou avec un autre Gémeaux ascendant Capricorne. Au moins ils se comprendraient.

Gémeaux ascendant Verseau

Lorsque naît le Gémeaux ascendant Verseau, la nuit est déjà bien avancée, on se rapproche de minuit.

La polarité Verseau, apportée par l'ascendant, va donner à ce Gémeaux sa coloration uranienne.

Ce natif des Gémeaux, deux fois air, semblera quelque peu désincarné. Très mentale, sa personnalité est originale, indépendante, tournée vers la connaissance.

Curieux de tout, il sent les idées qui sont dans l'air et même les anticipe. Il ne suit pas la mode, qu'il s'agisse de la pensée ou de la façon de vivre ; il la précède.

Il est honnête, comme détaché des biens de ce monde ou appartenant à une autre planète.

Très à l'aise avec les nouvelles technologies qui semblent faites pour lui, il les utilise au maximum, quelle que soit sa profession ou son mode de vie.

Il aime le travail bien fait, son mental est rapide et capable de faire des associations inédites. Aussi, n'est-il jamais à cours d'idées et parfois ses idées sont géniales.

Il aime prendre l'avion et partir au loin, dans l'espoir d'y trouver des idées ou des gens intéressants. Il est attiré par la métaphysique, par les sciences et les langues étrangères.

Il pourrait se diriger vers les sciences comme la physique, les mathématiques, l'astrophysique. Du fait de sa haute taille élancée il pourrait aussi être mannequin.

Dans sa vie amoureuse il recherche en priorité des affinités intellectuelles.

Il serait bien avec un Verseau ascendant Verseau, un autre Gémeaux ascendant Verseau.

Gémeaux ascendant Poissons

Lorsque naît le Gémeaux ascendant Poissons, on est aux environs de minuit, le Soleil est au Milieu du Ciel.

La polarité Poissons, apportée par l'ascendant, va donner à ce Gémeaux sa coloration neptunienne, mystique et gourmande.

Ce natif des Gémeaux, habitué dès l'enfance à fréquenter des gens brillants, sera enclin à vivre entouré de beauté et d'éclat.

Extrêmement réceptif, intuitif, doué d'une forte empathie, il se montre compatissant et charmant.

Son allure rêveuse et modeste attire la sympathie.

Il se montre tour à tour curieux et mobile, contemplatif et immobile.

Il adore les voyages, mais accorde une grande importance à son habitation qu'il décore avec soin et surtout avec un art bien à lui. Il aime y recevoir des gens de valeur et jeunes de caractère et y donner des fêtes. Car il est gourmand et gourmet.

Il est cependant assez fragile psychiquement et pourrait, si les choses ne tournent pas à sa convenance, se tourner vers la drogue ou l'alcool. Il a en effet besoin d'un ailleurs qui n'existe pas sur terre. Mais il peut le chercher dans l'invisible.

Il pourrait se diriger vers l'écriture, la poésie, la musique ou une profession en rapport avec les voyages.

Quoi qu'il choisisse, il a toutes les chances de finir sa vie dans la réussite.

Dans sa vie affective il rêve d'une union totale de corps et d'âme.

Il serait bien avec un autre Gémeaux ascendant Poissons, avec un Verseau ascendant Poissons ou encore avec un Sagittaire ascendant Poissons.

♋

les Cancers

Le Cancer est le quatrième signe du zodiaque, le premier signe d'eau. Il est féminin comme tous les signes d'eau. Il ferme ainsi le premier cycle des quatre éléments : feu, terre, air, eau. Sa planète est la Lune.

Dans l'homme zodiaque, il régit les seins et l'estomac.

Il est symbolisé par un crabe ou par une écrevisse, deux animaux qui sont traditionnellement reliés à la Lune, à l'eau, non pas à celle des océans, mais à celles des mares, des rivières et du rivage de la mer. Il est en rapport avec le limon d'où toute vie est sortie.

Crabes et écrevisses marchent bizarrement en reculant. De même, le natif du Cancer a tendance à se tourner vers le passé, qu'il s'agisse de l'enfance, de son berceau, de sa mère ou des origines lointaines de l'homme. Tout comme le crabe ou l'écrevisse, il va parfois se cacher sous une pierre ou dans une grotte. C'est qu'il n'est pas très rassuré devant la vie. Il est timide et a peur de souffrir.

Il est très attaché à sa maison, à sa mère, à son passé. Il a besoin d'être materné et, comme pour les bébés, la nourriture est très importante pour lui.

C'est un être tendre sous sa carapace -un air parfois froid et égoïste- dont il se sert pour masquer ses émotions qui sont fortes.

Il possède une grande intuition, une immense imagination et une grande mémoire. Et parfois il a tendance à prendre ses rêves pour la réalité.

Il est lunaire et tout comme la Lune et les marées, son humeur est changeante.

Mais cela ne l'empêche pas de traverser les océans pour aller chercher au loin des objets ou des produits alimentaires dont il pourra faire commerce. Il aime généralement la mer.

Il a un visage rond et enfantin. Il a tendance à l'embonpoint.

Cancer Ascendant Cancer

Lorsque naît le Cancer ascendant Cancer, le Soleil se lève en même temps que le signe. Il est à l'ascendant.

Le Cancer ascendant Cancer va être donc très marqué par ce signe, mais le Soleil levant va ajouter sa coloration, lui donnant un éclat, une présence, faisant penser à un Lion.

Ce natif du Cancer a un côté naïf et charmant. Rêveur, imaginatif, intuitif, très réceptif, il peut aussi être très influençable. C'est un grand émotif qui a du mal à maîtriser ses émotions.

Il arrive, que mélangeant ses rêves et la réalité, il se mette à enjoliver largement les faits qu'il relate, et ce, en toute bonne foi, finissant par croire à ce qu'il raconte. Certains diront que c'est un fieffé menteur. Inutile de lui faire remarquer qu'il s'éloigne de la vérité, il aura bien du mal à l'admettre.

Mais il est bon et serviable.

Il pourrait se diriger vers l'import-export, la marine. Il pourrait aussi être romancier, historien ou voyant ou encore antiquaire ou décorateur.

La femme Cancer attire les futurs maris qui s'imaginent très vite qu'elle va leur faire une ribambelle d'enfants, qu'elle va dorloter. Elle sera d'ailleurs une tendre mère et fera de bons gâteaux à ses enfants, mais elle devra veiller à sa ligne. Elle aura une passion pour décorer sa maison. Elle adorera les enfants et veillera sur eux comme une mère poule.

Il serait bien avec un autre Cancer ascendant Cancer, son alter ego ou avec un Capricorne ascendant Capricorne qui l'aiderait à se structurer et à garder les pieds sur terre ou encore avec un Capricorne ascendant Cancer.

Cancer ascendant Bélier

Lorsque naît le Cancer ascendant Bélier, on est aux environs de minuit. Le Soleil est tout proche du Fond du Ciel.

La polarité Bélier, apportée par l'ascendant, va donner à ce Cancer sa coloration martienne. Elle va le dynamiser, l'aider à sortir de sa grotte pour parcourir le monde et faire du sport.

Il adorera les voyages, mais cela ne l'empêchera pas d'adorer sa maison, qu'il considère comme son refuge, comme l'abri nécessaire au repos du guerrier. Il a régulièrement le besoin impératif d'y retourner pour se ressourcer. Il s'intéresse d'ailleurs de près à sa décoration, il en fait tout un univers, généralement assez onirique. Il aime y recevoir des gens triés sur le volet.

Il aime l'argent et il passera son temps à monter des affaires et à recommencer s'il fait faillite. Il prêtera de l'argent, mais veillera à ce qu'on le lui rembourse au centuple. Cela dit, s'il n'oublie rien, il n'est pas rancunier.

Il sera tendre et très gentil à la maison, il y rayonnera, il y sera le roi. Il sera beaucoup plus agressif au dehors. En bon Cancer, il fonctionnera quand même par à coups, suivant la façon dont il sera luné : tantôt tendre et paresseux, tantôt vindicatif et fonceur.

Il pourrait se diriger vers la marine, l'import-export, l'archéologie, les antiquités, la décoration, l'architecture. Il aura une fin de vie bien remplie et brillante.

Il ne conçoit pas la vie amoureuse en dehors d'une famille.

Il serait bien avec un autre Cancer ascendant Bélier ou ascendant Balance, mais aussi avec un Poissons ascendant Bélier ou Balance.

Cancer ascendant Taureau

Lorsque naît le Cancer ascendant Taureau, on est entre minuit et le lever du Soleil, à l'heure des rêves, celle qui était consacrée autrefois à la Lune.

Le Taureau va ramener le Cancer sur Terre. Il ne l'empêchera pas de rêver, mais lui permettra de concrétiser ses rêves, grâce à un travail acharné et persévérant. Il va aussi le rendre beaucoup plus résistant physiquement et moins sentimental, moins bouleversé par ses émotions.

Ce natif du Cancer est doté d'une excellente mémoire et d'une grande imagination, mais, s'il rêve et fait sans cesse des projets, il ne perd pas le sens des réalités matérielles pour autant. Il sait qu'il a besoin de bien-être, de confort, de belles et bonnes choses confortables et qu'il doit se donner les moyens de les obtenir. Il aime la mer et la campagne.

Il aime s'entourer d'amis qui pourront compter sur lui. Il y aura d'ailleurs parmi eux des gens importants qui l'aideront à réaliser ses projets. Il s'intègre facilement dans une équipe de travail et s'y fait des amis.

Il a l'art de communiquer et saura médiatiser, si cela est nécessaire, sa réussite.

Il pourrait se diriger vers le cinéma, la télévision ou les images de synthèse. Il pourrait aussi écrire des scénarios pour le cinéma ou faire carrière dans le journalisme ou la politique.

Endurant et tenace, il finira par arriver à ses fins comme l'eau qui finit par user le roc.

A la fois sensuel et sentimental.

Il serait bien avec un Cancer ascendant Taureau comme lui, avec un Cancer ascendant Scorpion ou avec une Balance ascendant Scorpion.

Cancer ascendant Gémeaux

Lorsque naît le Cancer ascendant Gémeaux, c'est la dernière partie de la nuit, mais le Soleil est encore largement sous l'horizon.

La polarité Gémeaux apportée par l'ascendant, va donner à ce Cancer sa coloration mercurienne faite de finesse et d'intelligence.

Ce natif du Cancer reste extrêmement jeune de caractère. Il est particulièrement sensible, c'est même, parfois, un écorché vif. Son humeur varie considérablement en fonction de l'ambiance qui l'entoure, du temps qu'il fait, des phases de la Lune. Quand il trouve la vie détestable, il a tendance à s'enfermer au propre et au figuré. Il aura grand besoin d'acquérir par lui-même de la maturité ou de trouver quelqu'un qui l'aidera à se stabiliser. La méditation, les retraites dans des lieux paisibles lui feront du bien et lui permettront de récupérer et de calmer sa nervosité. Il en éprouvera d'ailleurs le besoin régulièrement.

Il sera souvent partagé entre différentes aspirations. Il pourrait se diriger vers un domaine artistique qui lui permettrait d'utiliser son intelligence, son imagination et surtout ses émotions. Il pourrait ainsi se diriger vers la décoration, l'écriture, la photo, le cinéma et éventuellement la recherche.

Il ferait mieux d'éviter les métiers durs physiquement ou demandant une persévérance et un courage à toute épreuve.

Dans sa vie amoureuse, il a du mal à être stable.

Il serait bien avec un Capricorne ascendant Gémeaux. Un partenaire Capricorne l'aiderait à se stabiliser, tout en sachant s'amuser avec lui, grâce à son ascendant Gémeaux.

Cancer ascendant Lion

Lorsque naît le Cancer ascendant Lion, le Soleil s'est levé depuis un moment. Il a commencé son ascension vers le Milieu du Ciel.

L'ascendant solaire va équilibrer l'aspect lunaire du Cancer. Il va permettre, par sa personnalité ambitieuse et autoritaire, de réaliser les rêves du Cancer. Brillant, ce natif du Cancer ne passera pas inaperçu. Il sera beaucoup plus audacieux qu'un pur Cancer. Il luttera pour faire aboutir ses projets et supportera difficilement d'obéir. Mais, restant toujours très sensible, il alternera les grands coups de gueule du Lion et les vagues à l'âme du Cancer. Très gourmand, il est capable de dépenser beaucoup d'argent pour avoir à sa table des mets recherchés. Le revers de la médaille est qu'il devra soigner sa ligne et sa santé.

L'argent sera très important pour lui. Il pourrait même se diriger vers la banque ou les finances. Visant haut, il pourrait finir ministre des finances, si le reste de son thème le permet. Quoiqu'il en soit, il a toutes les chances d'en gagner beaucoup. Il risque aussi d'en dépenser beaucoup, mais, en tous cas, il ne se laissera pas facilement duper dans ce domaine. Comme son sens artistique est fort développé, ainsi que son imagination, il pourrait se diriger également vers les beaux-arts, l'histoire, les romans.

Bien que sentimental, il place la barre assez haut. Sa vie affective est parsemée de hauts et de bas et de changements brusques.

Il serait bien avec un autre Cancer ascendant Lion comme lui, avec un Cancer ascendant Verseau ou avec un Taureau ascendant Lion.

Cancer ascendant Vierge

Lorsque naît le Cancer ascendant Vierge, le Soleil est tout à fait levé. Il s'approche du Milieu du Ciel. C'est la fin de la matinée.

La polarité Vierge, apportée par l'ascendant, va donner à ce Cancer sa coloration mercurienne.

L'intelligence déductive, analytique de la Vierge, son esprit critique, son sens du détail vont s'ajouter à l'imagination et à la mémoire du Cancer.

Mais, d'un autre côté, son autocritique, son esprit rarement satisfait vont s'ajouter au vague à l'âme du Cancer.

Ce natif du Cancer va se trouver avec un mental perpétuellement en activité, avec une imagerie mentale intense et pas toujours optimiste.

Il ne supporte pas vraiment les échecs et a tendance à les voir désastreux, même s'il ne s'agit que de petits échecs. Il est davantage avide de connaissances que de nourritures, ce qui ne l'empêche pas d'aimer l'argent, mais il ne sera jamais malhonnête.

Il a soif de connaissances et peut faire des études longues, en retournant sur les bancs de l'université, même adulte.

Il pourrait se diriger vers le métier d'écrivain. Écrire des romans, tirant des larmes à tous les lecteurs, lui permettrait de se défouler au niveau de ses émotions. Il pourrait aussi se diriger vers la justice, l'histoire, la politique, le commerce.

Malgré son esprit critique, il fonctionne pourtant à l'intuition, lorsqu'il choisit son partenaire.

Il serait bien avec une Vierge ascendant Poissons ou avec un Capricorne ascendant Poissons.

Cancer ascendant Balance

Lorsque naît le Cancer ascendant Balance, on est aux alentours de midi. Le Soleil est très haut dans le ciel, proche du Milieu du Ciel.

La polarité Balance, apportée par l'ascendant, va donner à ce Cancer sa coloration vénusienne. Ce natif du Cancer sera très diplomate, aimable, élégant, recherchant l'harmonie en tout, tourné vers les autres.

Sensible, imaginatif, intuitif et particulièrement honnête, avec un sens aigu de la justice, de belles qualités qui, cependant, ne donnent pas une solidité à toute épreuve. L'émotivité du Cancer, son extrême réceptivité à l'environnement, sa sensibilité, jointes au besoin d'équilibre de la Balance -équilibre, on le sait, difficile à trouver-, son besoin de justice, le rendent un peu fragile, à moins qu'une planète vigoureuse ne vienne consolider le thème.

Cependant, mine de rien, il finira par imposer sa loi et par accéder à la réussite. Il a toutes les chances de réussir brillamment sa vie professionnelle. Il pourrait même devenir un personnage public, aidé en cela par son Soleil culminant au sommet de son thème. Et cela sans pour autant faire des concessions ou accepter des compromis.

Il pourrait écrire des romans ou des livres d'histoire romancée. Il pourrait aussi se diriger vers la diplomatie, la mode, le spectacle, la restauration ou encore la politique.

Il a besoin de séduire et de vivre de grandes émotions.

Il serait bien avec un autre Cancer ascendant Balance, avec un solide et sensuel Taureau ascendant Balance.

Cancer ascendant Scorpion

Lorsque naît le Cancer ascendant Scorpion, le Soleil est encore très haut dans le Ciel. C'est le début de l'après-midi.

La personnalité vigoureuse et agressive, apportée par l'ascendant, va aider considérablement les possibilités du Cancer à se réaliser. Ce natif du Cancer saura s'affirmer et imposer son point de vue. Créatif et dynamique, il ne dormira pas sur ses lauriers.

Intelligent, imaginatif, obstiné, il a toutes les chances de voir ses projets aboutir. Ce qui ne l'empêche pas d'aimer s'amuser et de profiter des plaisirs qu'offre la vie. Il aime les spectacles et les divertissements de toutes sortes, les plaisirs de la table, les voyages. Il s'intéresse à l'occulte, à tout ce qui est mystérieux, voire inquiétant.

Il pourrait se diriger vers la création littéraire, vers la mise en scène dans le cinéma ou écrire des scénarios sanglants. Il pourrait aussi se diriger vers la pédiatrie, la psychanalyse, la politique.

Même s'il n'est pas vraiment beau à proprement parler, ce Cancer là est irrésistible. La douceur et le charme du Cancer vont se parer de la beauté du diable. Le piquant du Scorpion, son magnétisme et son sex-appeal vont modifier l'aspect romanesque que lui donne son soleil en Cancer. Attirant les partenaires, sa vie sentimentale sera intense, à la fois sentimentale et sensuelle. Il aura des enfants brillants.

Il serait bien avec un Cancer ascendant Scorpion ou ascendant Taureau, avec un Taureau ascendant Taureau ou Scorpion, avec un Poissons ascendant Taureau.

Cancer ascendant Sagittaire

Lorsque naît le Cancer ascendant Sagittaire, le Soleil commence à décliner. Il se rapproche insensiblement de l'horizon. C'est la fin de l'après-midi.

La polarité Sagittaire, apportée par l'ascendant, donne à ce Cancer sa coloration jupitérienne, sans rien enlever à son imagination débordante et sa réceptivité.

Ce natif du Cancer va être extraverti, dynamique et sportif, davantage tourné vers l'avenir que le pur Cancer. Sportif, aimant les sports de grand air, la vitesse, le galop des chevaux ou la moto. Il aime les grands voyages et partir au-delà des mers.

Il aime la vie et les plaisirs, mais est attiré par la spiritualité. Il est honnête, a le sens de la justice et de la moralité. Il aime rendre service. Il aime parler et pourrait faire un bon orateur, un bon conférencier.

Il possède une très grande intuition, il sent venir les événements. Il aime la musique et le rêve, mais le travail est sa vie. C'est là qu'il brille, qu'il se réalise.

Il pourrait se diriger vers le commerce avec l'étranger,

faire venir et aller chercher des objets anciens ou des produits alimentaires. Il pourrait aussi se diriger vers l'archéologie, l'enseignement, le droit ou encore s'occuper d'enfants ou travailler dans le cinéma.

Dans sa vie affective, il se montre direct et sans complications, tendre et serviable.

Il serait bien avec un autre Cancer ascendant Sagittaire, avec un Taureau ascendant Gémeaux ou avec un Cancer ascendant Gémeaux.

Cancer ascendant Capricorne

Lorsque naît le Cancer ascendant Capricorne, le Soleil se couche. Il est au descendant.

La polarité Capricorne, apportée par l'ascendant, va donner à ce Cancer sa coloration saturnienne.

Ce natif du Cancer va gagner en maturité, en prudence et surtout en réalisme.

Travailleur, persévérant, il apprendra, sinon à maîtriser ses émotions, du moins à ne pas les laisser paraître. La plupart du temps, en effet, sous son apparence digne et sérieuse, se cachera un grand émotif. Mais il aura tendance à refouler ses émotions. Résistant, persévérant, réfléchi, il saura réfréner ses appétits et travailler sur le long terme.

Il peut alterner les périodes d'intense concentration et de réflexion, avec les périodes de lâcher-prise, au cours desquelles il pourra donner libre cours à son imagination. S'il arrive à bien équilibrer ces deux facettes de sa personnalité, il peut réussir de belles œuvres.

Il est tourné vers les autres. C'est à leur contact qu'il s'épanouira et donnera le meilleur de lui-même. Il recherchera des êtres de qualité et le destin le mettra d'ailleurs en contact avec de telles personnes. Mais il risque aussi d'être attiré par des gens mis en vedette qui pourraient par la suite lui causer du tort et devenir des ennemis puissants.

Il pourrait se diriger vers le droit, il ferait un bon avocat, ou encore vers l'écriture, l'histoire, la philosophie, mais aussi vers le commerce.

Il a des chances de faire un grand mariage.

Il serait bien avec un autre Cancer ascendant Capricorne, un Taureau ascendant Cancer ou un Taureau ascendant Capricorne.

Cancer ascendant Verseau

Lorsque naît le Cancer ascendant Verseau, le Soleil est bien couché. C'est le début de la nuit.

La polarité Verseau, apportée par l'ascendant, va donner à ce Cancer sa coloration uranienne.

D'allure beaucoup plus sèche, ce natif du Cancer est extérieurement plus nerveux, moins moelleux qu'un pur Cancer.

Son esprit est vif, sa parole rapide. Il allie à la grande réceptivité et à l'excellente mémoire du Cancer, un mental tourné vers la connaissance, une façon originale d'associer entre elles les informations.

Il aime l'argent et rêve d'en recevoir par héritage, par des gains à la loterie ou encore par association ou mariage, ce qui n'est d'ailleurs pas exclu. En tous cas, il est intègre et ne fera rien de répréhensible pour en obtenir. En fait, il tentera généralement de monnayer son savoir ou son savoir-faire, en négociant ses contrats avec habileté, au mieux de ses intérêts.

Très curieux de tout, il a besoin de comprendre en profondeur ; il s'intéresse au mystère de la vie, de l'esprit, de la mort, de la vie extraterrestre. Il pourrait être tenté par l'ésotérisme.

Il pourrait se diriger vers la génétique, les sciences cognitives, l'histoire des anciennes civilisations.

Quelle que soit la branche choisie, il s'y montrera capable d'innover. Son destin ne sera pas très stable. Il sera marqué par des changements de cap importants, notamment autour de la quarantaine, tant dans sa vie professionnelle que dans sa vie affective.

Il serait bien avec un autre Cancer ascendant Verseau ou un Cancer ascendant Lion ou encore un Scorpion ascendant Verseau.

Cancer ascendant Poissons

Lorsque naît le Cancer ascendant Poissons, on n'est pas loin de minuit. Le Soleil se dirige vers le Fond du Ciel.

La polarité Poissons, apportée par l'ascendant, va donner à ce Cancer sa coloration neptunienne.

Ce natif du Cancer, deux fois eau, va se montrer particulièrement réceptif, doté d'une extrême sensibilité, d'une très grande émotivité. Modeste, généreux, altruiste, compatissant, charmant, il attire généralement la sympathie. Les gens, d'instinct, ont tendance à se mettre en quatre pour voler à son secours, le cas échéant.

Sensible aux ambiances, doué d'une forte empathie, il sent instantanément ce que les autres ressentent. Sa personnalité est mystique, artistique. Il a une grande imagination, une excellente mémoire.

Il aime les voyages lointains. Il éprouve un grand attrait pour la recherche spirituelle.

Mais il est aussi fort gourmand et aime les plaisirs que procurent les sens. Il pourrait même se tourner vers l'alcool et les paradis artificiels. Tout dépend du reste du thème. Dans certains cas, il perd le sens des réalités et rêve sa vie.

Il pourrait se diriger vers la poésie, la musique, le cinéma, les romans, la diplomatie, l'histoire, l'enseignement, la voyance ou encore l'import-export, les langues étrangères, mais aussi les métiers de la mer.

Il rêve d'un amour à la fois mystique et sensuel. Il est sentimental et voluptueux.

Il serait bien avec un autre Cancer ascendant Poissons, avec un Taureau ascendant Poissons ou avec un Cancer ascendant Vierge.

♌

les Lions

Le Lion est le cinquième signe du zodiaque, le second signe de feu. Il ouvre le second cycle des quatre éléments : feu, terre, air, eau. Il est masculin comme tous les signes de feu. Sa "planète" est le Soleil.

Dans l'homme zodiaque, il régit le cœur et le dos.

Il est symbolisé par le Lion, ce roi des animaux, majestueux avec sa magnifique crinière couleur de feu et ses yeux magnifiques.

Cet animal évoque sans mal les principales caractéristiques du signe qui sont la noblesse, le pouvoir, l'orgueil, l'éclat.

Le Lion aime la vie, c'est sans doute pourquoi il est en analogie avec la Maison V, qui est celle des plaisirs et de la créativité. C'est aussi, sans doute, cet amour de la vie qui lui donne une présence, un rayonnement bien particulier. Il a de l'éclat, du magnétisme, un charme souriant. Aussi a-t-il une cour. Et il a besoin de cette cour. Il faut qu'on le voie, qu'on l'admire. Il a conscience de sa valeur, mais sans être vantard. Il est sensible aux louanges, à condition qu'elles soient faites sans exagération, sans verser dans la flatterie. Il serait alors offensé.

Il est irascible certes, mais "aussi facile à apaiser, que prompt à s'emporter" dit la Tradition. Car contrairement au Taureau, il ne rumine pas. Il a le sens de la justice, mais son jugement est expéditif, direct. Il est sans détour, droit, franc. Il frappe sur-le-champ. Il ne se venge pas. Il a le sens de l'honneur. Il est intègre et loyal. Dynamique et passionné, il est fait pour conquérir et dominer. Il est entier et se fixe en général un but élevé visant la perfection, dans ce qu'il entreprend. Il a l'esprit de synthèse, mais peut être paresseux.

Voilà pour le Lion idéal. Il y a hélas des Lions boursouflés, bouffis d'orgueil qui n'agitent que du vent et à l'autre bout de l'échelle, il y a les Lions attirés par le divin.

Physiquement il est large d'épaules, son visage est large et rayonnant. Il a des yeux de chat.

Lion ascendant Lion

Quand le Lion ascendant Lion voit le jour, le Soleil se lève en même temps que le signe. Il est à l'ascendant.

Voilà donc un Lion triplement solaire ou trois fois Lion, ce qui revient au même : le Soleil à l'ascendant, l'ascendant Lion et le Soleil en Lion.

Aussi va-t-il être vraiment très Lion.

Il en aura les qualités, mais aussi les défauts.

Ses idées sont empreintes de grandeur et de majesté. Elles sont éloignées de toute mesquinerie ou bassesse. Il est magnanime envers ses adversaires et se montre tel qu'il est, sans aucune dissimulation.

Mais il peut devenir arrogant. Certains natifs de ce groupe ont, en effet, parfois tendance à parler comme Louis XIV.

Il aime les plaisirs de toutes sortes, les plaisirs de la table, comme ceux de l'amour ou des jeux, mais il pourra aussi avoir une certaine tendance à la paresse. Il saura se mettre en scène et, lorsqu'il paraîtra dans une assemblée, on se retournera sur son passage. Les femmes de ce groupe aiment ajouter à leur présence naturelle tous les artifices de la mode et du maquillage.

Il lui faudra un métier, où il pourra commander ou être son propre maître et se mettre en scène. Il pourra diriger une entreprise, être ministre, se diriger vers les métiers des arts, notamment la peinture, l'architecture, vers les métiers du spectacle (théâtre) et du luxe (fourrures bijoux).

En amour, il placera la barre très haut, ce qui ne lui facilitera pas la tâche.

Il serait bien avec un Lion ascendant Verseau, un Bélier ascendant Lion ou un Verseau ascendant Lion.

Lion ascendant Bélier

Lorsque le Lion ascendant Bélier voit le jour, le Soleil est couché depuis plusieurs heures, il se rapproche du Fond du Ciel, mais il n'est pas encore minuit.

La polarité Bélier, donnée par l'ascendant, va renforcer son énergie et son ambition.

Ce natif du Lion va donc être particulièrement dynamique. Il sera stimulé par la compétition, sportif, piquant des colères à faire trembler tout le monde. Ce qui ne l'empêchera de faire marcher son charme et d'être tout sucre tout miel, lorsqu'il s'agira d'embobiner un partenaire, que ce soit pour le business ou pour la vie amoureuse. Il saura parfaitement être diplomate, quand cela pourra lui être utile.

Il passera à l'acte rapidement lorsque cela sera nécessaire. Il saura diriger une affaire d'une main ferme. Et, si jamais sa boite fait faillite, il saura surmonter le choc et redémarrer gaillardement.

Il aimera voyager et pourra même se faire donner des distinctions honorifiques à l'étranger.

Il peut se diriger vers des professions demandant de la poigne, de l'audace, une mentalité de chef et le goût des voyages lointains ou encore dans l'enseignement, la magistrature ou le gouvernement d'un pays.

Ses idéaux sont élevés, aussi pourrait-il se tourner vers une recherche spirituelle.

Dans sa vie amoureuse, c'est un conquérant en recherche d'équilibre. Il est honnête.

Il serait bien avec un Verseau Ascendant Bélier, un Lion ascendant Balance, mais quant à un Lion ascendant Bélier, hum ! Gare aux étincelles.

Lion ascendant Taureau

Lorsque le Lion ascendant Taureau voit le jour, on est aux alentours de minuit. Le Soleil est proche du Fond du Ciel.

L'Ascendant Taureau, qui donne de l'ardeur au travail et de la persévérance, permettra à ce Lion de ne pas faire du vent sur rien. Ce natif du Lion aura les pieds sur terre et cherchera à s'enrichir.

Il saura mieux réfréner ses colères qu'un Lion pur, mais, par contre, il sera plus rancunier.

Il a une forte vitalité, des appétits puissants et l'excès des plaisirs pourraient le rendre malade.

Il aimera la campagne et aimera s'entourer de verdure, ce qui le reposera.

La décoration de sa maison sera également importante et il aura des grands talents pour la décoration intérieure. Il prendra plaisir à contempler les tableaux et les beaux objets qui l'entourent. Il saura reconnaître les beaux objets, discerner les copies des originaux.

Il aura probablement été élevé dans une famille qui aimait s'entourer de belles choses et de gens importants qui lui auront donné le goût du pouvoir.

Il a besoin qu'on l'admire et qu'on l'écoute parler, car il a conscience de sa valeur.

Il pourrait se diriger vers la décoration ou l'architecture, mais aussi vers l'archéologie, les monuments historiques. Il s'intéressera aussi aux techniques d'avant garde et pourrait créer des images pour le cinéma, la télévision, le Web.

Sensuel et aimant les plaisirs, il lui faudra un partenaire qui réponde à ses désirs.

Il serait bien avec un autre Lion ascendant Taureau, un Bélier ascendant Taureau, un Verseau ascendant Taureau ou un Verseau ascendant Scorpion.

Lion ascendant Gémeaux

Lorsque naît le Lion ascendant Gémeaux, on est au cœur de la nuit entre minuit et le lever du jour. À l'heure des rêves.

Le Lion ascendant Gémeaux a toujours des aspirations

de Lion et des idées de grandeur et de faste, mais il se prendra nettement moins au sérieux. Il sera moins sûr de lui, moins "m'as-tu vu". Il gardera une âme d'adolescent, sa personnalité sera plus souple, mais aussi plus moqueuse. Il aura tendance à la rêverie et à construire des châteaux en Espagne. Nerveux, sous ses grands airs majestueux, il sera souvent inquiet ou intimidé. Il aimera la musique et la poésie. Il aura une très grande intuition et s'intéressera à des domaines très variés.

Il aura le sens de la communication et saura s'adapter aux circonstances. Il cherchera à s'entourer d'amis et aimera le travail d'équipe, entouré de copains. Il s'intéressera aux grandes idées universelles et pourrait même faire carrière dans de grandes organisations internationales, comme l'Unesco, d'autant qu'il adore les voyages et les séjours à l'étranger.

Très artiste, il pourrait aussi se diriger vers la mise en scène, pour le cinéma ou la télévision.

Il pourrait aussi avoir l'idée de se lancer dans les affaires, mais, à moins d'une planète dominante forte, les lourdes responsabilités financières ne sont pas pour ce Lion.

Dans sa vie amoureuse, il a du mal à rester stable.

Il serait bien avec un Bélier ascendant Gémeaux ou Sagittaire, un Sagittaire ascendant Gémeaux ou Sagittaire.

Lion ascendant Cancer

Lorsque le Lion ascendant Cancer voit le jour, on est dans la dernière partie de la nuit, avant le lever du jour. Le Soleil est, caché sous l'horizon.

La polarité Cancer, donnée par l'ascendant, va apporter à ce Lion sa coloration lunaire, son intuition et son émotivité, mais aussi son extrême sensibilité aux ambiances avec toutes les variations d'humeur que cela implique.

Intelligent, ayant de la mémoire et un bon esprit de synthèse, ce Lion là aura un côté émouvant et enfantin. Il éprouvera le besoin de se retirer périodiquement dans sa tanière, lorsqu'il ira mal, mais de toutes façons, il aime garder ce qu'il appelle "son jardin secret".

Il a une grande imagination, une bonne mémoire et l'esprit de synthèse. Il est volontaire et finit toujours par arriver à ses fins, même s'il lui faut souvent revenir en arrière.

Il peut s'intéresser à la religion et envisager de faire des retraites spirituelles dans des couvents ou des monastères.

Il aime aussi les voyages et cherche à faire fortune au-delà des mers. Il pourrait se diriger vers l'import-export, concernant la nourriture ou les objets anciens. Il pourrait également devenir romancier ou historien.

Il est sentimental, loyal et souffre beaucoup des ruptures ou de la perte des êtres chers. Il rentre alors dans sa coquille. Il a besoin d'un partenaire sur lequel il peut compter.

Il serait bien avec un Lion ascendant Capricorne, un Sagittaire ascendant Capricorne.

Lion ascendant Vierge

Lorsque naît le Lion ascendant Vierge, le Soleil est bien levé et a commencé son ascension vers le Milieu du Ciel.

La polarité Vierge apportée par l'ascendant va donner à ce Lion sa coloration mercurienne.

Sa vivacité d'esprit, sa finesse, sa logique, sa curiosité intellectuelle vont se mettre au service de ce natif du Lion, brillant et intelligent, ambitieux.

Sa soif de connaissance, son besoin de comprendre ne lui fera pas perdre le sens des réalités. Sachant s'analyser dans les détails, ce Lion se connaîtra bien et n'oubliera pas de se donner les moyens de satisfaire ses goûts de luxe.

Il songera à monnayer ses divers talents et y réussira sans peine. Il sera généreux, il saura aider les autres et les faire profiter de ses largesses. Il adore ainsi jouer les grands seigneurs, mais le fait avec un certain tact. Son esprit critique et sa finesse de perception lui fera voir les défauts des autres, mais il sera magnanime et pardonnera les offenses.

Il a un sens du beau très développé, un goût très sûr en matière d'art ou d'esthétisme. Il pourrait devenir critique d'art, artiste ou encore ouvrir une galerie d'art. Il pourrait aussi se diriger vers la politique, le droit. Comme il a plusieurs cordes à son arc, il pourrait avoir successivement, ou en même temps, plusieurs professions.

Il est capable de grandes passions, mais garde toujours son sens critique.

Il serait bien avec un autre Lion ascendant Vierge ou avec un Lion ascendant Poissons.

Lion ascendant Balance

Lorsque le Lion ascendant Balance voit le jour, on est dans la dernière partie de la matinée, le Soleil se dirige vers le Milieu du Ciel.

La polarité Balance, apportée par l'ascendant, va donner à ce natif du Lion sa coloration subtile et raffinée.

Ce natif du Lion aura, plus que jamais, un sens aigu de la justice. Parfaitement intègre, il traversera la vie avec noblesse et élégance. Il aura un caractère fier et empreint de noblesse. C'est un idéaliste.

Il sera également particulièrement sensible à la beauté. Il recherchera, en tout, la beauté sous toutes ses formes. Passionné de musique, très sensible à l'image, à l'équilibre des couleurs et des volumes, il aura un goût parfait.

Il aura soin de sa propre image et mettra tout en œuvre pour séduire et paraître. La mode n'aura aucun secret pour lui.

Il aime l'étude, aidé par un bon esprit de synthèse et le désir de réussir.

Il pourrait se diriger vers la mode, la parfumerie, le commerce des objets précieux, des bijoux, des fourrures, des essences rares, ou vers les beaux-arts.

Mais aussi, vers la justice ou la philosophie, les grandes écoles d'administration, la politique.

Tourné vers les autres, à leur contact, il se dynamise, et peut chercher à œuvrer avec eux pour la paix dans le monde, mais il peut se montrer féroce envers les gens malhonnêtes.

Il n'aimera pas vivre seul, malgré son besoin de se donner des moments de recueillement.

Il serait bien avec une Vierge ascendant Balance, un Lion ascendant Bélier ou un autre Lion ascendant Balance.

Lion ascendant Scorpion

Quand le Lion ascendant Scorpion voit le jour, le Soleil est très haut dans le Ciel. On est aux environs de midi. Le Soleil est très proche du Milieu du Ciel.

La polarité Scorpion apportée par l'ascendant va donner à ce natif du Lion, un très grand désir de puissance. De plus, la culmination du Soleil va accroître son éclat Lion.

Très volontaire, ce natif du Lion a besoin d'exercer sa puissance. Il exerce une grande force attractive sur les autres, dont il va user pour arriver à ses fins. Mais il peut aussi susciter le rejet. Quoiqu'il en soit, il ne laisse personne indifférent. Il passe rarement inaperçu. Il est irascible et susceptible. Il pique des colères terribles. Il peut se montrer dur. Vivre avec lui ne convient pas aux âmes trop sensibles et pusillanimes. Courageux et agressif, il a un tempérament de guerrier. Il ferait bien de pratiquer des arts martiaux afin de canaliser sa grande énergie et d'apprendre à la contrôler.

Il est intelligent, calculateur, il est fait pour commander. Il a un bon esprit de synthèse et a l'art de saisir d'un coup d'œil l'ensemble d'une situation. Il a toutes les chances de réussir sa vie professionnelle, bien qu'il manque parfois de diplomatie.

Il pourrait se diriger les affaires, la politique, l'armée, mais aussi le théâtre, l'architecture.

Il est fasciné par la sexualité et est lui-même très attractif.

Il serait bien avec un autre Lion ascendant Scorpion, avec un Lion ascendant Taureau, une Balance ascendant Scorpion.

Lion ascendant Sagittaire

Lorsque le Lion ascendant Sagittaire voit le jour, c'est le cœur de l'après-midi, le Soleil se trouve dans la maison que les anciens appelaient pour cette raison "Dieu".

La polarité Sagittaire, apportée par l'ascendant, va donner à ce Lion sa note généreuse et enthousiaste.

Le feu du Sagittaire se marie facilement à celui du Lion. Ce natif du Lion va être particulièrement éclatant, extraverti, direct, rayonnant, souriant, attirant immédiatement la sympathie.

Il est sportif, dynamique, empli d'une vigueur animale, ardent dans la recherche des ses idéaux.

Il est honnête, il a le sens de l'ordre et de la hiérarchie, le goût de la justice et de la vérité.

Doué d'un sens inné de la beauté, il aime la musique, la peinture et l'architecture. Il possède une très grande intuition. Mais il est parfois excessif et peut devenir quelque peu "m'as-tu vu". Il aime les divertissements de luxe comme la chasse au Kenya. Il aime les grandes randonnées, les spectacles somptueux, les voyages lointains.

Il s'intéresse à la spiritualité, au divin. On le voit souvent étudier une philosophie ou pratiquer un art sacré, comme les danses et les musiques sacrées de l'Inde ou un art martial traditionnel.

Il pourrait se diriger vers la création de spectacles, la mise en scène, l'organisation d'expositions ou bien encore vers les beaux-arts ou la philosophie.

Sa vie amoureuse est sans complexe, directe et joyeuse. Mais il tient à une certaine légitimité. Il peut faire plusieurs mariages.

Il serait bien avec un Sagittaire ascendant Sagittaire, un autre Lion ascendant Sagittaire, un Lion ascendant Gémeaux.

Lion ascendant Capricorne

Lorsque naît le Lion ascendant Capricorne, c'est la fin de l'après-midi, le Soleil décline doucement vers l'ouest.

La polarité Capricorne, apportée par l'ascendant, va donner à ce Lion sa coloration saturnienne.

Ce natif du Lion sera extérieurement réservé, moins extraverti qu'un pur Lion. Il saura maîtriser ses impulsions, contrôler ses accès de colère.

Il aura conscience de la valeur du temps. Il allie à l'ardeur du Lion, la prudence, le calcul, le sens de l'organisation, la méthode, le sens des responsabilités. Il est capable de faire des plans à long terme, de savoir attendre. Ambitieux, tenace, capable de fournir de gros efforts sur une longue durée. Il aime le travail et peut rester concentré sur ce qu'il fait durant de longues heures.

Mais il peut être méfiant et se comporter comme un vieux sage à qui on ne la fait pas. Il a des périodes de désillusions qui voile sa joie de vivre Lion.

Dans son travail, il a besoin de s'entourer de collaborateurs de valeur, mais c'est lui qui doit être le centre et le chef. Il a besoin de morale et peut se montrer rigide, mais on peut toujours faire appel à lui en cas de besoin. Il aime la beauté et les arts.

Il pourrait se diriger vers une profession artistique, travailler au sein d'une équipe, dans une société de production de films ou d'architecture. Il pourrait aussi se diriger vers le droit, la justice ou encore vers la politique.

En amour, il est capable de folles passions, mais il n'aime pas trop montrer ses réels désirs. Il tient à donner de lui une image qu'il estime correcte et sérieuse, ce qui ne lui facilite pas toujours la tâche.

Il serait bien avec un autre Lion ascendant Capricorne ou une Balance ascendant Capricorne.

Lion ascendant Verseau

Lorsque naît le Lion ascendant Verseau, le Soleil se couche. Il est au descendant.

La polarité Verseau, apportée par l'ascendant, va donner à ce Lion sa coloration uranienne.

Ce natif du Lion va posséder une personnalité originale, indépendante, et d'une grande sensibilité.

Il est travailleur, adroit et doué d'une grande rapidité mentale. De son cerveau, jaillissent en permanence, des idées neuves et originales.

Il est tourné vers la connaissance et la philosophie. Il est totalement intègre, et parfois, a du mal à supporter les dures réalités matérielles de la vie.

Il a horreur qu'on porte atteinte à sa liberté et ne supporte pas la médiocrité, la mesquinerie. Aussi, son destin est-il souvent en dents de scie avec des ruptures mémorables. Il est très tourné vers les autres et c'est à leur contact qu'il s'épanouit et brille de tous ses feux. Mais, dans ce domaine, il préfère la qualité à la quantité, attiré de préférence par des êtres de valeur, tournés vers la spiritualité, la philosophie, la recherche, êtres avec lesquels il se sent en affinité.

Il s'intéresse au futur, aux nouvelles technologies, à l'espace, à la communication. Il pourrait se diriger vers les sciences de pointe, la recherche ou vers un domaine artistique, comme la création d'images de synthèse ou la communication sur le Web.

Le mariage est très important pour lui. Il a d'ailleurs des chances de faire un mariage très brillant.

Il serait bien avec un autre Lion ascendant Verseau ou avec un Verseau ascendant Lion.

Lion ascendant Poissons

Lorsque naît le Lion ascendant Poissons, le Soleil est couché depuis un moment. C'est le début de la nuit.

La polarité Poissons, apportée par l'ascendant, va donner à ce Lion sa coloration neptunienne.

Ce Lion va être doté d'une personnalité généreuse, compatissante, altruiste, tournée vers autrui. Extrêmement réceptive, intuitive, sensible à la poésie, à la musique.

Les aspirations du Lion vers la divinité vont être exaltées par l'ascendant. Ce natif du Lion aura une nature religieuse, dans le sens large du terme. Mystique, tourné vers l'invisible, il aspirera à une union mystique avec le Grand Tout qu'il ne saura pas toujours définir. Mais, suivant le reste du thème, il pourrait au contraire se tourner vers les paradis artificiels. Il est attiré par l'au-delà, par l'ésotérisme, notamment la voyance, l'hypnose, les sociétés initiatiques.

Il a soif de belles choses et rêve d'argent tombé du ciel. Il a des chances, d'ailleurs, de faire un mariage ou un héritage qui l'aidera largement dans sa vie financière.

Il pourrait se diriger vers les finances, assurance ou banque, vers l'ésotérisme ou encore vers un métier artistique.

L'amour tient une très grande place dans sa vie, il est sensuel et gourmand. Et rêve d'une union de corps et d'âme avec son partenaire, d'une totale fusion.

Il serait bien avec un autre Lion ascendant Poissons, avec un Gémeaux ascendant Poissons ou avec un Lion ascendant Vierge.

♍

les Vierges

La Vierge est le sixième signe du zodiaque, le deuxième signe de Terre. Il est féminin comme tous les signes de terre. Sa planète est Mercure.

Dans l'homme zodiaque il régit les intestins.

Il est symbolisé par une jeune fille qui tient un épi.

Les grains de blé, rangés harmonieusement dans l'épi, évoquent l'ordre. Les Vierges adorent trier et classer.

Les Vierges possèdent beaucoup de discernement. Ils savent établir une distinction entre ce qui doit être éliminé d'une part et ce qui être retenu d'autre part. Ils analysent avec une grande facilité et la critique leur est aisée. Ils sont doués pour tout (ils "digèrent" les informations). Et, à force d'examiner, de disséquer, classer, ranger, analyser, ils finissent par avoir des connaissances sur toutes sortes de sujets. Ils sont méthodiques, travailleurs et intelligents, extrêmement logiques. Ils sont aussi très adroits de leurs mains. Leur esprit critique est toujours en éveil, soumettant tout à l'analyse et au jugement. Ils analysent les faits et gestes, les motivations des uns et des autres, leurs idées, leurs réactions, et même, leur propre comportement affectif.

Ils aiment la précision, le détail, car ils sont perfectionnistes. Comme rien n'est parfait, ils sont rarement satisfaits, et ont tendance à s'angoisser. Mais ils peuvent manquer d'esprit de synthèse et se noyer dans les détails. L'inconnu, l'incontrôlable les perturbent. Pour eux, tout ce qui n'est pas prouvé n'est pas réel. Aussi risquent-ils d'éliminer une bonne part du réel.

Ils s'intéressent aux sciences de la nature, à la médecine, à l'agriculture, à l'enseignement.

Ils sont réservés et à l'inverse des Lions semblent modestes, mais ce n'est là qu'une apparence, car au fond d'eux-mêmes, ils sont conscients de leur supériorité.

Ils sont minces et bien proportionnés. Leurs traits sont délicats.

Vierge ascendant Vierge

Lorsque naît le Vierge ascendant Vierge, le Soleil se lève. Il est à l'ascendant et va ajouter sa touche solaire à ce natif deux fois Vierge.

Sensible, intelligent, nerveux, lorsqu'il était enfant, ce natif de la Vierge était curieux de tout et saoulait de ses questions perpétuelles ses pauvres parents. Il fallait sans cesse répondre à ses questions avec le plus d'intelligence possible. Devenu grand, le natif de la Vierge peut accéder à n'importe quelle connaissance. Avec son soleil à l'ascendant, il a le sens de sa valeur et, tout comme un Lion, aime briller.

Il aura une certaine chance dans le domaine financier. On lui prêtera facilement de l'argent, on lui fera facilement crédit. On pourrait dire que l'argent vient à lui facilement.

Il pourrait se diriger vers les sciences de la nature comme la biologie végétale ou animale, la chimie, mais aussi vers la médecine. Ou encore vers les mathématiques et l'astrologie. Il aime enseigner et peut devenir professeur d'université. Il pourrait également être écrivain, critique littéraire ou artistique. Très habile de ses mains, il ferait merveille dans les travaux délicats. Il pourrait dessiner, faire de la peinture, jouer d'un instrument demandant une grande habileté manuelle comme le piano ou encore travailler dans le montage électronique, dans l'horlogerie artisanale.

Dans sa vie amoureuse, son esprit critique le handicape dans sa recherche du partenaire idéal.

Il serait bien avec une Vierge ascendant Vierge comme lui ou une Vierge ascendant Poissons ou un Taureau ou un Capricorne ascendant Vierge.

Vierge ascendant Bélier

Lorsque la Vierge ascendant Bélier voit le jour, le Soleil est couché depuis une heure ou deux.

Cette Vierge là va être plus dynamique qu'une Vierge/Vierge. Le natif de ce signe va d'avantage s'extérioriser, sera plus actif physiquement, moins le nez dans ses livres. Sportif, il aimera bouger, voyager. Il aura une nette tendance à se mettre en colère.

Il obtiendra facilement de l'argent de la part des banques, de financiers ou d'associés.

Il aura de l'audace et le besoin d'être le premier partout. Il saura utiliser avec vigueur son intelligence et son sens de l'analyse pour accéder à la réussite. Et, en cas d'échec, il saura rebondir.

Il sera moins tatillon, moins anxieux et fera d'avantage confiance à son instinct. Ce qui ne l'empêchera pas de préparer minutieusement ses projets, mais il se perdra moins dans les détails, en tirera les conclusions plus rapidement, ce qui lui permettra de passer à l'acte sans trop attendre.

Il pourrait faire de la politique, mais il pourrait aussi se diriger vers la chimie, la biologie ou encore les sciences de la terre comme la géologie, la vulcanologie. Il est attiré par l'ésotérisme, et pourrait faire un bon astrologue, à condition de laisser son rationalisme de côté.

Il réussit à être très diplomate dans ses rapports avec les autres, car il a énormément besoin de plaire. Il sait fort bien, lorsque cela est nécessaire, réprimer son agressivité et se montrer semblable à une aimable et conciliante Balance.

Il serait bien avec un Vierge ascendant Bélier ou ascendant Balance ou avec un Taureau ascendant Balance.

Vierge ascendant Taureau

Lorsque naît la Vierge ascendant Taureau, la nuit est assez avancée. On s'approche de minuit, le Soleil se dirige vers le Fond du Ciel.

La solidité apportée par le Taureau va largement aider ce natif de la Vierge à réaliser ses objectifs.

Celui-ci aura les pieds sur terre, un bon sens pratique et confiance en lui. Résistant physiquement, travailleur et persévérant, il sera ambitieux et intéressé par la possession des biens matériels.

Il lui faudra une maison confortable, des biens sûrs, palpables. Aussi mettra-t-il tout en œuvre pour se donner des bases matérielles solides.

L'amour de la nature sera fort chez ce natif de la Vierge. Doublement Terre, Il adorera la campagne, s'intéressera de près à son jardin et saura comme personne se servir de la Lune dans les constellations pour faire pousser ses plantes.

Tout en aimant le confort, il aimera toujours apprendre et enseigner. Il fera merveille dans la fonction publique. Il pourrait devenir ministre ou professeur d'université. Il pourrait, aussi, se diriger vers la recherche en sciences dures, comme la physique, l'informatique ou l'astronomie.

Amateur de musique et de peinture, il pourrait avoir un violon d'Ingres.

Sensuel et gourmand, la vie amoureuse prend une place importante.

Il serait bien avec un autre natif de la Vierge de même ascendant ou avec un ascendant Scorpion qui stimulerait son intérêt pour la sexualité. Ou un Taureau ascendant Taureau ou encore un Taureau ascendant Scorpion, voire aussi un Poissons ascendant Taureau.

Vierge ascendant Gémeaux

Lorsque naît la Vierge ascendant Gémeaux, on est aux alentours de minuit. Le Soleil est tout proche du Fond du Ciel.

La polarité Gémeaux, apportée par l'ascendant, va donner à ce natif de la Vierge une plus grande légèreté. Le sérieux de la Vierge est mis à mal par la jeunesse et le sens de l'humour des Gémeaux. Son anxiété reste latente, mais il la cache sous des paroles drôles et des plaisanteries. On peut être trompé par son apparence. Il ne se prend pas au sérieux et a horreur des gens pontifiants.

Il n'aime pas trop avoir à s'occuper des contingences matérielles, et aimerait bien que quelqu'un s'en occupe à sa place. Pourtant, il possède de nombreux talents qu'il tient sans doute de l'un de ses parents dont l'influence brillante le stimulait durant son enfance. Avec tous ces dons, son problème est celui du choix. Car choisir une profession signifie éliminer les autres. Mais, il pourrait bien arriver tout de même à exercer simultanément deux professions ou changer de profession vers 35 ans.

Il sera doué pour l'écriture, les mathématiques, l'informatique, mais aussi, pour la musique et les arts en général. Grâce à son habileté manuelle il pourrait aussi devenir artisan dans l'horlogerie ou la joaillerie.

Assez idéaliste, il pourrait se diriger vers une voie demandant logique et mysticisme.

La dernière partie de sa vie sera très riche, bien remplie et lui accordera des honneurs. Il sera entouré de gens intéressants et enrichissants intellectuellement.

Il serait bien avec un autre Vierge ascendant Gémeaux ou ascendant Sagittaire et avec un Taureau ascendant Gémeaux.

Vierge ascendant Cancer

Lorsque la Vierge ascendant Cancer voit le jour, on est au cœur de la nuit, bien après minuit, à l'heure des rêves, dans la maison que les Anciens nommaient la maison de la Lune. Avec l'ascendant Cancer, signe lunaire, on comprend que ce natif de la Vierge aura des dispositions pour les rêves et les projets.

Il aura l'art de se raconter des histoires et d'en raconter aux autres.

Doué d'une logique imparable, comme tous les natifs de la Vierge, futé, doué d'un grand sens critique, il saura bâtir des projets grâce à la grande imagination que lui donne son ascendant, sans pour autant perdre le sens des réalités. D'autant qu'il entend bien ne pas finir sa vie sous les ponts et qu'il sait faire de l'argent. Il n'oublie jamais de monnayer ses talents.

Il saura s'entourer d'amis importants qui le soutiendront dans ses projets. Il est à l'aise, malgré une certaine timidité, dans la vie mondaine, et, lorsqu'il invite des gens, il prépare tout à la perfection, choisissant des mets succulents et préparant un décor onirique.

Il pourrait se diriger vers une profession alliant l'écriture et l'image, comme par exemple écrire des scénarios pour le cinéma.

C'est un grand tendre et un grand sentimental, il supporte très mal les ruptures. Il a besoin de créer un vrai foyer et d'avoir des enfants.

Il serait bien avec un autre natif de la Vierge de même ascendant ou mieux encore ascendant Capricorne, dont le sérieux le rassurerait. Il serait bien aussi avec un Cancer ascendant Cancer.

Vierge ascendant Lion

Lorsque naît la Vierge ascendant Lion, le Soleil est sous l'horizon. Le petit matin n'est pas loin.

Les oiseaux vont bientôt se mettre à piailler.

L'ascendant Lion va donner de l'ambition et de la combativité à ce natif de la Vierge.

Il aura un besoin de beauté et de majesté, et aura un grand sens esthétique. Aussi, sera-t-il attiré par les arts, par les belles choses. Il lui faudra gagner assez d'argent pour assouvir ses besoins.

Mais, il saura cacher son jeu et agir en sous-main, tirant les ficelles dans l'ombre. Il n'est jamais mesquin. C'est seulement qu'il ne juge pas utile de dévoiler ses projets à tout va.

S'il aime être le chef et être entouré d'une cour, il a aussi besoin de solitude. Il lui est nécessaire de se retirer chez lui pour réfléchir. Dans cette solitude, il a besoin d'écrire pour mieux fixer ses idées et donner forme à ses projets.

C'est aussi un idéaliste, il a un certain sens du divin et, suivant le reste du thème, il pourrait se diriger vers la religion ou la spiritualité, faire des retraites dans des couvents ou des monastères.

Il pourrait se diriger vers un métier artistique ou vers la littérature. Mais aussi, vers la recherche en laboratoire comme la biologie, la chimie.

Exigeant dans sa vie amoureuse et en même temps réservé, il peut avoir un certain mal à trouver le partenaire de ses rêves. Il est séduisant et sa prestance naturelle l'aide grandement.

Il serait bien avec une autre Vierge ascendant Lion, avec un Lion ascendant Verseau ou avec une Vierge ascendant Verseau.

Vierge ascendant Balance

Lorsque naît le Vierge ascendant Balance, le Soleil est bien levé, largement au-dessus de l'horizon.

La polarité Balance, apportée par l'ascendant à ce natif de la Vierge, va l'aider grandement à se réaliser.

En effet, vont ainsi s'ajouter à la logique sans faille de la Vierge, à son vif intérêt pour la compréhension du monde qui l'entoure, une finesse de perception, un instinct de l'authentique et du vrai, un besoin d'équilibre et d'harmonie.

Ce natif de la Vierge va donc être beaucoup moins rationnel, se fiant d'avantage à son instinct, à son intuition, à son ressenti.

Son travail sera toujours fait à la perfection et soigné dans tous ses détails, mais il fera tout pour être payé en retour. Dans ce domaine, il aura les pieds sur terre, car il considère que l'argent est le nerf de la guerre et entend bien ne pas se laisser gruger, d'autant qu'il est particulièrement sensible aux injustices du monde dans lequel nous vivons, à l'exploitation des talents par les marchands sans scrupules. Ce qui ne l'empêche pas d'être parfaitement courtois.

Il est très sensible à la musique, à la mode et à l'esthétisme.

Il pourrait se diriger vers la justice, mais aussi vers la littérature ou encore un domaine artistique.

Très séduisant, il n'a aucun mal à trouver un partenaire. Son problème serait plutôt de faire un choix, d'autant que son ascendant ne lui fait pas perdre son esprit critique.

Il serait bien avec une autre Vierge ascendant Balance ou avec un Capricorne ascendant Bélier.

Vierge ascendant Scorpion

Lorsque la Vierge ascendant Scorpion voit le jour, le Soleil est assez haut dans le ciel, il se rapproche du

Milieu du Ciel. C'est la fin de la matinée.

L'ascendant va apporter sa note dynamique à l'intellectuelle Vierge.

Ce natif de la Vierge saura très intensément ce qu'il veut et agira en conséquence, grâce à une extraordinaire vitalité lui permettant de rebondir après les chutes. Il a une personnalité de champion, à l'image de ceux qui, gravement blessés dans une compétition, repartent comme si de rien n'était, dès leur guérison achevée. Il est assez dur et sait utiliser les autres, d'autant plus facilement, qu'il exerce une force attractive, due à une sorte de "magnétisme" naturel.

Il possède une intelligence qui va en profondeur et trouve, naturellement, la faille chez son adversaire.

Il est fasciné par le mystère de la vie et de la mort, par l'occulte, par tout ce qui est secret et mystérieux. Son besoin de savoir et de comprendre est très grand. Il a besoin d'étudier.

Il est doué pour l'écriture, le commerce et la communication, malgré son caractère quelque peu irascible. Il a besoin de pratiquer un sport, comme les arts martiaux, pour se défouler.

Il pourrait se diriger vers l'écriture, la médecine, la chirurgie, la psychanalyse.

Sexuel, il a besoin de sensations fortes et n'a pas peur de prendre des risques.

Il serait bien avec une autre Vierge ascendant Scorpion ou ascendant Taureau ou avec un Scorpion ascendant Taureau.

Vierge ascendant Sagittaire

Lorsque naît la Vierge ascendant Sagittaire, le Soleil est très haut dans le ciel. On est aux environs de midi. Le Soleil est proche du Milieu du Ciel.

La polarité dynamique du Sagittaire, apportée par l'Ascendant, va se mettre au service de ce natif de la Vierge. Et le Soleil, au sommet du thème, va ajouter sa note solaire.

Dynamique, extraverti, doté d'une forte présence rayonnante, ce natif aura de grands atouts en mains.

Une joie de vivre animale va l'aider à surmonter ses angoisses existentielles. Il lui arrivera parfois, il est vrai, de passer d'un extrême à l'autre. Mais, en général, il gardera extérieurement l'aspect d'une personne exubérante et aimant la vie.

Sportif et curieux du monde, il aime l'aventure, le grand air, les grands espaces et les voyages. Il a besoin de pratiquer un sport de plein air pour se sentir bien dans sa peau.

Il a le sens de l'ordre, le goût de la justice, le sens de la pédagogie.

Intuitif et logique, perspicace, bon orateur, il pourrait réussir dans l'enseignement, la politique ou la magistrature.

Il pourrait aussi se diriger vers la comédie ou la création artistique. Et peut devenir, sinon célèbre, du moins reconnu.

Il est attiré vers la spiritualité et exercera un métier conforme à sa pensée.

Dans sa vie amoureuse, il est direct et sans complexe et sait mettre de côté son esprit critique.

Il serait bien avec une autre Vierge ascendant Sagittaire, avec un Lion ascendant Gémeaux.

Vierge ascendant Capricorne

Lorsque naît la Vierge ascendant Capricorne, le Soleil est encore très haut dans le ciel, mais il a déjà commencé sa descente vers l'ouest.

La polarité Capricorne, donné par l'ascendant, va apporter sa coloration à ce natif de la Vierge.

A la logique rigoureuse de la Vierge, va s'adjoindre la grande force de concentration, la puissance de l'attention, la capacité à l'effort soutenu du Capricorne.

Sérieux, ayant le sens du concret, bien enraciné dans le réel, ce natif ne manquera pas d'ambition et arrivera à la réussite, malgré ses moments de pessimisme et de doute de soi. Prévoyant, il a la notion du temps et est capable d'organisation à long terme. Il fait des plans et sait s'y tenir sans trop se laisser distraire. Il est nerveux, mais apprend au fil du temps à se maîtriser.

Il du mal à s'extérioriser et se méfie des belles paroles et des grandes démonstrations d'amitié.

Il aime les jeux intelligents, comme les échecs par exemple. Et il aime écrire.

Il pourrait se diriger vers les sciences ou la politique. Quelle que soit la voie choisie, il peut écrire des ouvrages de vulgarisation ou même des romans à thèse. Il est créatif mais préfère l'écriture à la parole, ce qui ne l'empêche pas de donner des conférences, le cas échéant.

Dans sa vie amoureuse, sous ses airs sérieux, les plus grandes passions peuvent se déchaîner.

Il serait bien avec une autre Vierge ascendant Capricorne, un Scorpion ascendant Capricorne.

Vierge ascendant Verseau

Lorsque naît la Vierge ascendant Verseau, le Soleil décline vers l'horizon ouest. C'est la dernière partie de l'après-midi.

La polarité Verseau, donnée par l'ascendant, va apporter sa coloration à ce natif de la Vierge.

À la logique rigoureuse de la Vierge, à son sens de la méthode, à son perfectionnisme, vont s'adjoindre la liberté de pensée, la rapidité du mental et les éclairs de génie du Verseau.

On comprend que ce natif de la Vierge va, plus que jamais, se tourner vers la connaissance.

Il est intelligent, inventif, en avance sur son temps, très mental. Mais aussi, nerveux, voire anxieux, pas toujours commode, du fait de cette nervosité et aussi, de sa difficulté à supporter les problèmes matériels de la vie.

Il est sujet à de brusques changements au cours de son existence, car il préfère généralement claquer les portes, plutôt que d'essayer de patienter, quand les choses ne vont pas selon ses choix.

Extrêmement travailleur, serviable, il se taille une place de choix au sein de son environnement professionnel. C'est toujours lui qui a des idées.

Intègre, il supporte difficilement la malhonnêteté des autres, qui le déstabilise.

Il pourrait se diriger vers la recherche médicale, l'informatique, la biologie, la physique, les nouvelles technologies.

Son esprit critique ne lui facilite pas sa vie amoureuse. C'est l'oiseau rare qu'il recherche.

Il serait bien avec un autre Vierge ascendant Verseau, avec un Capricorne ascendant Verseau ou un Scorpion ascendant Verseau ou Lion.

Vierge ascendant Poissons

Lorsque naît le Vierge ascendant Poissons, le Soleil se couche en même temps que la Vierge. Il est au descendant ou tout au moins tout près.

La polarité Poissons, apportée par l'ascendant, va nuancer assez considérablement les caractéristiques du Soleil en signe.

Ce natif de la Vierge va disposer d'une personnalité intuitive, réceptive, sensible et particulièrement tournée vers les autres, sans pour autant perdre sa logique et son esprit critique.

Ses intuitions seront sans cesse passées au crible de la raison, il devra veiller à respecter l'équilibre entre les deux.

Il aimera les contacts et sera attiré, de préférence, par des gens brillants, des personnages en vue et intelligents. Quoiqu'il en soit, la solitude n'est pas son truc. Il aime rendre service.

Il est gourmand, aime les parfums, la musique, les voyages, ce qui ne l'empêche pas d'être attiré par une certaine forme de spiritualité.

Il pourrait se diriger vers la médecine, vers un domaine artistique, comme la musique, la littérature ou le théâtre.

Il est plus fait pour travailler par contrats que par salaire. Il peut aussi monter une affaire en association, avec quelqu'un qui assumerait la plus grosse partie des finances. Ce quelqu'un pourrait d'ailleurs être son conjoint. De toute façon, le mariage sera pour lui une affaire importante. Il pourrait d'ailleurs faire un mariage d'amour qui l'aiderait à monter les échelons de la réussite sociale.

Il serait bien avec un Capricorne ascendant Vierge ou un Lion ascendant Vierge ou encore avec un Scorpion ascendant Poissons.

♎

les Balances

La Balance est le septième signe du zodiaque, le second signe d'air. Il est masculin comme tous les signes d'air. Sa planète est Vénus et Saturne y est exalté.

Dans l'homme zodiaque, elle régit les os du bassin.

La Balance est représentée par une balance, elle symbolise la recherche d'équilibre et d'exactitude, l'harmonie, la justice et la vérité.

Elle est donc le signe de l'arbitrage, de la loi, du droit, des avocats, des procès, mais aussi, de la conciliation et de la paix, de l'harmonie au sens large du terme. Harmonie avec soi, avec les autres, avec le monde. Elle est donc en rapport avec la beauté, l'esthétique, l'art, l'amour, le besoin de plaire, d'aimer et d'être aimé.

Les natifs de la Balance aiment l'art et la beauté. Ils ont, en général, une très bonne oreille et savent reconnaître d'instinct les intervalles des sons.

Ils aiment être entourés de beauté et attachent une grande importance à leur cadre de vie. Ce sont des gens bien élevés, à la parole facile, agréables à entendre. Ils font d'excellents diplomates.

Leur principale occupation est de séduire. Ils attachent une grande importance à leur apparence. Ils aiment l'élégance et s'intéressent à tout ce qui peut mettre leur silhouette en valeur : la mode, la parfumerie, la coiffure, la chirurgie esthétique. On rencontre beaucoup de Balances parmi les acteurs de cinéma.

Ils détestent la lutte pour la vie, mais savent se réveiller quand il s'agit de défendre la vérité. Ils combattent alors avec ténacité. Mais parfois, à force de rechercher l'équilibre et le juste milieu, ils deviennent hésitants, indécis et oscillent d'un point de vue à l'autre.

Ils sont beau et élégants. Leur visage est ovale, leur nez droit. Ils ont une légère tendance à l'embonpoint.

Balance ascendant Balance

Lorsque la Balance ascendant Balance voit le jour, le Soleil est en train de se lever, en même temps que le signe dans lequel il se trouve. Le soleil est à l'Ascendant.

Cette Balance va, non seulement, être doublement Balance, mais elle aura une personnalité solaire.

Un tel natif possèdera, au plus haut point, l'amour de la vérité et de la justice, le sens de la beauté et de l'harmonie. Il sent les choses, il sait par intuition ce qui est authentique et ce qui ne l'est pas, qu'il s'agisse des gens ou des objets. Il aime la paix, l'harmonie. Faites l'amour mais pas la guerre, telle pourrait être sa devise. Car, ce natif de la Balance veut être en harmonie avec les autres, à tout prix.

Ayant un besoin vital des autres, il désire ardemment vivre dans un monde d'entente cordiale. L'inconvénient, c'est qu'il lui arrive, à force de vouloir plaire, d'être trop conciliant. Aussi certains l'accusent de manger à tous les râteliers. Il désire aussi briller et fait tout pour être admiré.

Il pourrait se diriger vers le barreau ou la magistrature, mais tout autant vers un métier artistique, comme la mode, le cinéma ou la musique.

La vie amoureuse tient une grande place pour ce natif de la Balance, mais il a souvent du mal à se décider, à force de peser le pour et le contre et souvent, ne sachant pas dire non, il se retrouve avec plusieurs liaisons en même temps.

Il serait bien avec une autre Balance ascendant Bélier, dont l'ardeur l'aiderait à passer à l'acte en le stimulant et avec un Verseau ascendant Bélier.

Balance ascendant Bélier

Lorsque la Balance ascendant Bélier vient au monde, le Soleil est en train de se coucher.

Cette Balance là va être beaucoup plus dynamique que la pure Balance et particulièrement tournée vers les autres, puisqu'elle aura son Soleil au Descendant.

Mariages, associations, rencontres ou même la recherche d'un public seront sa grande affaire. Ce natif sera en contact, de toutes façons, avec des gens connus vers lesquels il sera attiré instinctivement.

Il pourrait, d'ailleurs, se diriger vers un métier qui lui donnera de nombreux contacts. Il pourrait être avocat. Son esprit combatif, son goût de la compétition lui permettraient de faire merveille dans cette branche. Par ailleurs, son goût des voyages, le fait qu'il se sente à l'aise partout dans le monde, toutes choses que lui procure son ascendant, jointes à son esprit conciliant pourraient faire de lui un bon diplomate. Ce qui ne l'empêche pas de piquer de belles colères, si l'on s'avise de lui marcher sur les pieds.

Il pourrait aussi se diriger vers un domaine artistique, comme la musique ou le spectacle. Mais aussi, vers tous les métiers en rapport avec l'esthétique, comme la coiffure, la mode ou encore la médecine esthétique.

Il a toutes les chances de faire un mariage brillant, lui permettant de grimper encore les échelons de la société.

Il serait bien avec une autre Balance ascendant Bélier, avec un Bélier ascendant Balance, avec un Verseau ascendant Bélier.

Balance ascendant Taureau

Lorsque naît la Balance ascendant Taureau, le Soleil est couché depuis environ deux heures.

Cette Balance là est doublement vénusienne.

La vie amoureuse, les unions, l'esthétique, les arts vont avoir une grande importance dans sa vie.

L'Ascendant Taureau donnera une prise de terre à l'aérienne Balance qui sera moins indécise et même, saura parfaitement ce qu'elle veut.

Quand cette Balance là signera ses contrats, elle veillera à ses intérêts financiers et ne se laissera pas voler ou manipuler. De même, en cas de mariage, on peut compter sur elle pour avoir un contrat qui ne la laisse pas démunie en cas de divorce.

Car, elle aimera ses aises, son confort. Il lui faudra de l'argent pour se procurer une belle maison et tout ce qu'il faut pour l'équiper. Elle aimera la nature, les fleurs. Elle soignera son apparence, mais aura tendance à l'embonpoint car la gourmandise est son péché mignon. Finalement, entre ses excès et son besoin de beauté, cette Balance donnera l'impression d'être sans cesse au régime, alternant les périodes enrobées avec les périodes minces.

Ce natif de la Balance pourrait se diriger vers un métier artistique comme le cinéma, la télévision, la peinture, le chant. Il s'intéressera à l'ésotérisme et s'inquiétera du problème de la vie après la mort. Il pourrait chercher à apaiser ses angoisses en étudiant les philosophies traditionnelles ou en étudiant l'astrologie.

En amour il lui faudra un partenaire à la fois raffiné et sensuel.

Il serait bien avec une autre Balance ascendant Taureau, une Balance ascendant Scorpion, un Verseau ascendant Taureau.

Balance ascendant Gémeaux

Lorsque naît la Balance ascendant Gémeaux, le Soleil décline vers l'ouest. C'est la nuit, on s'achemine vers minuit.

L'ascendant Gémeaux va mettre au service des aspirations de la Balance une personnalité primesautière et curieuse, aimant les voyages et ayant des dons pour l'écriture, les échanges et possédant une belle habileté manuelle.

Ce natif de la Balance sera raffiné, sensible, esthète, ne supportant pas la vulgarité.

Très aérien, car marqué par deux signes d'air, planant parfois au-dessus des contingences matérielles, il pourrait oublier de prendre ses précautions pour s'assurer les bases matérielles nécessaires à sa survie.

Le charme des Gémeaux fait d'intelligence, de facilité dans l'expression orale ou écrite, son humour et son éternelle jeunesse serviront parfaitement le besoin de séduire de cette Balance.

Ce natif de la Balance pourrait aussi bien se diriger vers le droit. Il ferait un très bon avocat grâce à son habileté de parole et son intelligence.

Il pourrait se diriger vers la magistrature ou vers la diplomatie, car il aura beaucoup de succès à l'étranger, où son charme fera merveille. Mais, il pourrait aussi tout bonnement entrer dans une grande société comme juriste ou être fonctionnaire.

Mais il peut aussi s'orienter vers la musique d'une part, grâce à son oreille capable de percevoir les intervalles musicaux les plus subtils et, d'autre part, grâce à son habileté manuelle lui permettant de jouer d'instruments demandant une grande dextérité.

Il serait bien avec un Verseau ascendant Gémeaux, un Gémeaux ascendant Gémeaux ou Sagittaire.

Une Balance ascendant Sagittaire serait également bien adaptée car le feu du Sagittaire le dynamiserait.

Balance ascendant Cancer

Lorsque la Balance ascendant Cancer voit le jour, on est aux environs de minuit. Le Soleil est proche du Fond du Ciel.

La grande émotivité de l'ascendant Cancer, sa grande imagination, vont se mettre au service des aspirations de la Balance. Cette fois, sous ses airs gracieux et romantiques, notre aérienne Balance n'oubliera pas de s'occuper du domaine matériel. D'ailleurs, ce natif de la Balance sera entouré, dès son enfance, de gens brillants qui le pousseront vers la réussite. Il aura aussi pris l'habitude de vivre dans une maison arrangée avec art et accordera par la suite une grande importance à la décoration de son habitation.

Il aura, dans ce domaine, un goût très sûr et s'intéressera aussi aux objets et aux meubles anciens. Personne ne pourra lui faire prendre un faux pour un vrai. Les gens aimeront lui rendre visite. Cependant, il aura un peu de mal à quitter son chez lui où il se sentira à l'abri.

Il pourrait se diriger vers l'histoire, les antiquités, vers un métier artistique comme restaurateur de tableaux ou vers la musique ou encore l'écriture. Quoi qu'il en soit, il aura une dernière partie de vie bien remplie et fort intéressante.

Sa grande sensibilité le rend parfois hésitant, mélancolique et compliqué dans sa vie sentimentale. Il recherche la sécurité, mais a peur de s'engager, tant son désir de séduire tout le monde est grand.

Il serait bien avec un Bélier ascendant Cancer, une Balance ascendant Capricorne, un Gémeaux ascendant Cancer.

Balance ascendant Lion

Lorsque naît la Balance ascendant Lion, minuit est passé depuis un bon moment. On est au cœur de la nuit. Tout le monde ou presque, est endormi.

L'ascendant Lion va donner un maximum d'éclat à notre Balance. L'éclat, la présence vont s'allier à la beauté, à la grâce, au sens de l'élégance donnés par le Soleil en Balance. Ce natif de la Balance sait parfaitement se mettre en scène et est bien décidé à réussir dans la vie.

Il a un grand sens de l'amitié, il sait communiquer. Il soigne ses relations et est entouré d'amis brillants qui sont à la hauteur de ses projets, non moins brillants. Mais, il saura être féroce envers ceux qui oseraient commettre des injustices à son égard. Son sens de la justice est proverbial et autant il peut défendre les petits, autant il peut taper fort sur les méchants. Son sens de la justice pourrait d'ailleurs le pousser à s'occuper des déshérités et à créer des associations pour défendre les gens maltraités.

Il ferait un public relations de haut niveau, mais préférerait être lui-même en scène au cinéma ou à la télévision, comme acteur ou animateur. Il s'adapte très bien au travail d'équipe, bien qu'en général, il en devienne le centre.

Il pourrait aussi être juriste dans des grands organismes internationaux ou faire de la politique.

Dans sa vie amoureuse, il est exigeant et idéaliste, pardonnant difficilement la tromperie.

Il serait bien avec une autre Balance ascendant Lion ou ascendant Verseau, un Lion ascendant Verseau ou un Gémeaux ascendant Lion.

Balance ascendant Vierge

Lorsque naît la Balance ascendant Vierge, on est dans la dernière partie de la nuit, dans l'attente de l'aube.

Voilà cette fois, une Balance raisonneuse, particulièrement sensible à l'idée de justice. Intelligence, logique, intuition vont être au service de l'idéal d'harmonie de ce natif de la Balance assoiffé de compréhension, de connaissance.

Nettement plus modeste, tout au moins en apparence, que la Balance ascendant Lion, il a un certain goût du secret et a tendance, par prudence, à cacher ses intentions, d'autant qu'il est souvent hésitant. Il a du mal à prendre parti, à tel point qu'il peut passer de l'un à l'autre, changeant d'alliance ou d'idéal. En fait, il possède l'art consommé d'exécuter ses desseins sans dévoiler le fond de ses intentions et parvient ainsi à ses fins sans rencontrer de véritable opposition. Il pense qu'une franchise exagérée ou trop directe est indésirable la plupart du temps.

Il peut se diriger vers le droit, devenir avocat et faire de la politique.

Il s'intéresse à l'art, à la littérature, aux belles paroles. Il aime se retrouver tout seul pour réfléchir, écrire, méditer. Il a besoin des autres et il aime être entouré d'amis. En fait, il a besoin d'alterner les périodes où il se retrouve, seul, face à face avec lui-même et celles passées dans la chaleur de l'amitié ou même en présence de disciples.

Dans sa vie amoureuse, il est aussi un peu secret et a de grandes passions.

Il serait bien avec une autre Balance ascendant Vierge, avec une Balance ascendant Poissons.

Balance ascendant Scorpion

Lorsque le natif de la Balance ascendant Scorpion pousse son premier cri, le soleil est levé depuis un certain temps, environ une heure ou deux.

La personnalité guerrière, donnée par l'ascendant Scorpion, va pousser l'aimable Balance à se faire entendre haut et fort, lorsqu'il s'agira de défendre ses idées de justice et de vérité ou, plus prosaïquement, lorsqu'elle se sera donnée des objectifs plus ordinaires, comme de commencer à bien gagner sa vie, ce qui la préoccupe en priorité.

Suivant les événements, elle montrera son instinct quelque peu agressif et dira, sans prendre de gants, ce qu'elle pense ou bien s'en tiendra à son désir d'harmonie et réussira à se contrôler et se montrera diplomate. Elle pourra donc être un peu déconcertante car si on la connaît mal, on aura du mal à la cerner.

En prenant de la maturité, elle saura se montrer aimable, tout en gardant une volonté de fer qu'elle réussira à voiler.

Si ce natif de la Balance se dirige vers un métier comme le cinéma, il utilisera la beauté du diable que lui donne son ascendant Scorpion pour séduire.

Il pourrait aussi réussir dans une banque, être par exemple juriste dans une banque importante.

Quoiqu'il fasse, il a toutes les chances de gagner beaucoup d'argent, mais d'en dépenser aussi beaucoup, car il apprécie tout ce qui est beau et authentique et donc coûteux.

Il exerce un grand pouvoir de séduction, voire une fascination sur bon nombre de gens.

Il serait bien avec un Verseau ascendant Taureau ou une autre Balance ascendant Scorpion.

Balance ascendant Sagittaire

Lorsque la Balance ascendant Sagittaire voit le jour, le Soleil s'approche de sa culmination supérieure. Bientôt, il sera midi.

Dynamique et sportif, facilement enthousiaste, voilà une Balance bien sympathique. L'élan donné par le feu du Sagittaire va dynamiser la Balance, l'aider à faire des choix parmi ses hésitations et lui permettre ainsi de réaliser ses aspirations, qu'il a bien ancrées, du style "mon but c'est de traverser la vie dans l'harmonie et la droiture".

Ce natif de la Balance est sportif et la pratique du sport s'ajoute à sa beauté naturelle, pour lui donner une silhouette moins enrobée et plus musclée.

Aimant s'instruire, sachant communiquer, il s'harmonise sans peine avec son entourage et sa gaieté contagieuse lui donne bon nombre de vrais amis. De même, s'il a des frères et sœurs, il sait les défendre et créer des liens harmonieux avec eux.

Il aime beaucoup la musique et possède de nombreux dons.

Il adore les voyages et pourrait faire carrière dans la diplomatie ou se diriger vers une profession du tourisme, alliant les voyages et la culture. Il peut réussir aussi dans le commerce de belles choses.

Il a besoin de s'engager dans une voie spirituelle, dans la recherche d'une certaine philosophie, d'une certaine sagesse.

Dans sa vie amoureuse, il est à la fois direct, gourmand et raffiné.

Il serait bien avec une autre Balance ascendant Gémeaux, toujours prête à partir avec lui dans les pays lointains ou avec un Bélier ascendant Gémeaux.

Balance ascendant Capricorne

Lorsque la Balance ascendant Capricorne arrive au monde, le Soleil est en haut du ciel. On est aux environs de midi.

L'ascendant Capricorne va donner sa coloration à la personnalité de cette Balance, mais le Soleil angulaire va aussi apporter son influence qui ressemble à celle du Lion.

L'ascendant Capricorne va élancer cette Balance, lui faire perdre du poids, la rendre plus longiligne. Ce qui pourrait lui permettre de se diriger vers le métier de mannequin.

Ambitieux et courageux, ce natif de la Balance sera moins hésitant qu'un pur Balance. Il saura serrer les dents en cas de coup dur et persévérer malgré les difficultés, poussé par le désir de se faire un nom, d'être reconnu. La prudence du Capricorne l'aidera à séduire avec un grand discernement, si bien qu'il arrivera au succès et sans doute, à une belle situation professionnelle. Mais il doit apprendre à se montrer moins méfiant, moins moraliste et un peu plus extraverti.

Il pourrait se diriger vers la politique, la justice, mais aussi, vers un métier artistique, sa présence naturelle favorisant un métier d'acteur.

Dans sa vie sentimentale, ce natif de la Balance recherchera un partenaire qui saura extérioriser ses sentiments, car pour lui, c'est là que le bât blesse. Un tendre partenaire saurait le faire craquer.

Il serait bien avec une Balance ascendant Cancer, qui lui créerait un "home" confortable et chaleureux ou un Bélier ascendant Cancer qui le dynamiserait tout en le chouchoutant..

Balance ascendant Verseau

Lorsque naît la Balance ascendant Verseau, on est au cœur de l'après-midi. C'est l'heure chaude.

L'ascendant Verseau va apporter à ce natif de la Balance ses propres caractéristiques, en particulier, son indépendance.

Ce natif de la Balance sera doté d'une personnalité éprise de liberté, originale, pensant par elle-même. Cherchant avant tout ce qui est juste et vrai, il ne sera pas esclave de la mode ou du "politiquement correct", malgré son désir de plaire et d'être en harmonie avec la société à laquelle il appartient. Ce qui ne l'empêchera pas d'être dans le vent, malgré lui, car ses idées collent avec les idées de pointe de son temps. Moins diplomate qu'une pure Balance, parfois un peu sec, ne mâchant pas ses mots lorsqu'il a des remarques à faire, il n'est pas toujours conciliant.

Son besoin d'harmonie se manifeste essentiellement dans des œuvres de créations artistiques ou littéraires, marquées du sceau de l'originalité, voire de l'étrange.

Si, poussé par son ascendant, il se dirige vers les sciences, il sera particulièrement créatif, présentant ses trouvailles de façon élégante et nette. Il pourrait aussi éprouver le besoin de populariser son savoir en écrivant des ouvrages pour le grand public.

Mais la plupart du temps, il préfèrera la mise en scène ou le métier d'acteur.

La vie amoureuse et les distractions sont au cœur de sa vie. Elancé et élégant, il plaît beaucoup.

Il serait bien avec une autre Balance ascendant Verseau, mais aussi avec une Balance ascendant Lion ou un Sagittaire ascendant Verseau.

Balance ascendant Poissons

Lorsque naît la Balance ascendant Poissons, c'est la fin de l'après-midi, le Soleil se rapproche de l'ouest.

La personnalité mystique des Poissons va se mettre au service des aspirations de ce natif de la Balance.

Celui-ci va donc être extrêmement sensible. Intuitif, réceptif, compatissant, mais hésitant, louvoyant, ayant du mal à prendre des décisions.

Compatissant, il aime rendre service et peut avoir du mal à se mettre en avant.

Sa grande force, qui est aussi son point faible, est donc son extrême sensibilité. Aussi ferait-il bien de se diriger vers une profession ou tout au moins des occupations lui permettant de donner un exutoire à sa sensibilité, au lieu de se perdre dans les rêves ou parfois la drogue ou encore dans la nourriture, car c'est un grand gourmand.

C'est pourquoi, le mieux serait qu'il se dirige vers une profession artistique comme la musique ou le cinéma. Mais, il pourrait aussi se diriger vers la médecine esthétique ou vers le paramédical en rapport avec la beauté, ou encore vers la haute couture. Il aime la mer et les voyages. Il a besoin d'évasion. Il peut trouver cette évasion en partant au loin, mais aussi dans une voie spirituelle ou philosophique.

L'amour tient une grande place dans sa vie, il peut être bouleversé à plusieurs reprises par de grandes passions, d'autant qu'il est doté d'un charme fou.

Il serait bien avec un Sagittaire ascendant Poissons, un Sagittaire ascendant Vierge, avec une autre Balance ascendant Poissons.

♏

les Scorpions

Le Scorpion est le huitième signe du zodiaque, le second signe d'eau. Il ferme le second cycle des quatre éléments, feu, terre, air, eau. Il est féminin comme tous les signes d'eau. Sa planète est Pluton, la planète qui se trouve au plus profond du Ciel, aux confins du système solaire. Aussi, Pluton est-il le dieu des enfers et il en a la clef.

Ce signe est symbolisé par l'animal qui lui a donné son nom, autrefois, le scorpion d'eau.

Dans l'homme zodiaque, il régit le sacrum et le coccyx.

S'il fait référence au scorpion aquatique, il fait aussi référence, évidemment, au scorpion du désert à l'aiguillon venimeux. Il est donneur de mort, mais son venin peut aussi sauver la vie. L'eau du Scorpion fait donc référence à l'eau brûlante du venin et par analogie, à la lave des volcans.

Le Scorpion est le signe de la vie et de la mort, le signe des mystères, de tout ce qui se trouve derrière les portes de l'au-delà.

C'est un signe de puissance et de courage. Il régit la sexualité, la guerre, les bombes, ce qui est invisible, les pouvoirs cachés, les transformations profondes.

On ne s'étonnera pas de savoir que les natifs du Scorpion ont des natures puissantes, violentes et passionnées. Ils ont l'instinct du combat, de l'opiniâtreté.

Ils sont exigeants, ils ont soif d'absolu. Ils ont besoin de comprendre en profondeur. Ils sont intelligents.

S'ils ne trouvent pas leur voie, leur agressivité peut devenir destructrice. Ils aiment le drame et la bagarre et à défaut de vraies bagarres, ils se contentent de discussions musclées. Dans la paix, ils s'ennuient. Très critiques, ils ne se font pas que des amis. Mais ils sont capables de transformations étonnantes et d'évolution stupéfiante.

La sexualité joue un grand rôle dans leur vie.

Physiquement, ils ne sont pas très grands, un peu trapus. Leur regard est magnétique. Ils fascinent ; ils ont "la beauté du diable".

Scorpion ascendant Scorpion

Lorsque le Scorpion ascendant Scorpion pousse son premier cri, le Soleil se lève en même temps que l'ascendant. Aussi, ce Scorpion ajoute-t-il à sa personnalité deux fois Scorpion une polarité solaire.

Son caractère est entier et assez dominateur. Il a tendance à croire que son opinion est la meilleure de toutes et réussit souvent à le faire croire aux autres.

Il a de grandes chances de réussir sa vie socioprofessionnelle. Le succès vient à lui assez facilement. A condition, toutefois, qu'il veille à contrôler sa vivacité, à ne pas devenir trop agressif, voire blessant et à apprendre un minimum de diplomatie. Ses paroles directes et parfois sarcastiques ne sont pas toujours bien supportées. Il doit aussi essayer de comprendre que tout le monde ne possède pas la même énergie et qu'il n'est pas toujours facile de suivre son rythme.

Dans sa profession, qu'elle quelle soit, il lui faudra être le chef.

La pratique des arts martiaux lui ferait du bien, car il apprendrait ainsi à canaliser ses énergies et à maîtriser son agressivité. De la sorte, il ne garderait que le bon côté de son signe : courage et ténacité, compréhension en profondeur.

Très sexuel et très exigeant dans sa vie amoureuse, comme dans le reste.

Il serait bien avec un autre Scorpion ascendant

Scorpion, avec un Taureau ascendant Taureau, capable de lui tenir tête ou un Cancer ascendant Scorpion, capable de l'émouvoir sans pour autant se laisser marcher sur les pieds..

Scorpion ascendant Bélier

Lorsque naît le Scorpion ascendant Bélier, le Soleil descend doucement vers l'ouest. L'après-midi est déjà bien entamé et le Soleil n'est pas loin de l'horizon.

L'énergie donnée à sa personne par l'ascendant Bélier va largement aider le Scorpion à réussir dans la vie. Avec un tel ascendant, ce Scorpion n'aura aucun mal à passer à l'acte : aussitôt pensé, aussitôt fait. Il sera particulièrement ambitieux et entreprenant, combatif, volontaire, rapide. Parfois même un peu trop rapide, se fiant facilement à son instinct et à sa rapidité de perception. Tout comme le Scorpion ascendant Scorpion, il ferait bien de pratiquer un art martial ou faire des exercices physiques de haut niveau, afin d'évacuer son trop plein d'énergie ou, s'il s'en sent la patience, il pourrait se mettre au yoga ou à la méditation.

Il s'intéressera à toutes sortes de choses et dans son travail il sera le meilleur.

Il pourrait se diriger vers le médical, la chirurgie, l'occultisme, mais aussi vers des professions lui donnant l'occasion de voyager au loin. Epris d'aventure, il pourrait être explorateur. On le verrait bien partir au loin, examiner les volcans, les cyclones ou les tremblements de terre, histoire de donner un peu de sel à sa vie.

Sa vie amoureuse, comme pour tous les Scorpions, est importante. C'est un conquérant et un séducteur.

Il serait bien avec son alter ego Scorpion ascendant Bélier, mais aussi, avec une Vierge futée ascendant Bélier.

Scorpion ascendant Taureau

Lorsque naît le Scorpion ascendant Taureau, le Soleil se couche ou vient de se coucher. Il se trouve donc au Descendant et donne une polarité solaire à ce Scorpion, en plus de sa coloration Taureau.

On va avoir à faire à un Scorpion particulièrement tenace et solide, bien ancré dans le réel. Un Scorpion qui ne s'en laissera pas facilement compter, ni aisément détourner de ses objectifs. Travailleur, volontaire, entier et sûr de lui, mais tourné vers les autres, dont il a besoin. Il se dirige d'instinct vers des personnalités brillantes et d'ailleurs, il les attire. À leur contact, il s'épanouit et brille de tous ses feux. Mais, s'il se laisse emporter par son franc parler de Scorpion, il se fera aussi des ennemis puissants. En général, toutefois, il sait mettre de l'eau dans son vin, car il aime communiquer, échanger des idées et a besoin de plaire et de séduire. Il aime la nature et un certain confort. Il sera important pour lui de voyager pour nouer de nouveaux contacts et chercher de nouvelles idées.

Il pourrait se diriger vers une branche scientifique, comme la géologie, la vulcanologie ou vers une branche littéraire.

Il pourrait aussi avoir un métier de contact, avec un public, si le reste du thème le permet.

S'il crée une affaire, il aimerait travailler en association.

Association et mariage sont importants pour lui et il fera de préférence un mariage prestigieux, lui permettant de se hausser dans la hiérarchie sociale.

Il serait bien avec un Taureau ascendant Scorpion, comme lui ou avec un Scorpion ascendant Scorpion.

Scorpion ascendant Gémeaux

Lorsque naît le Scorpion ascendant Gémeaux, le Soleil est couché depuis un moment. Il a entamé sa route nocturne.

La personnalité, plus légère des Gémeaux, va donner au Scorpion un côté moins rude, le teintant d'humour et de jeunesse.

Ce Scorpion ne sera pas pour autant forcément optimiste. Il éprouvera un malin plaisir à se poser des questions existentielles, du style "Qu'est ce que la vie ? ou

Qu'est ce que la mort ?". Sans aller jusqu'à l'obsession, cette idée de la mort ou de la vie après la mort le pousse à étudier, sans pour autant en faire profession, les domaines qui touchent, de près ou de loin au mystère de la vie et à son corollaire, la mort.

Cela ne l'empêchera pas d'avoir de l'humour et de faire des plaisanteries, même sur ces sujets.

Il ne perdra pas le nord en ce qui concerne sa vie financière. Il saura défendre ses intérêts en cas de contrat professionnel ou d'association.

Il sera assez doué pour obtenir des crédits bancaires, et s'il y a mariage, s'arrangera pour ne pas se retrouver démuni en cas de séparation.

Jouer d'un instrument de musique le délassera et lui permettra d'évacuer ses idées noires.

Il pourrait se diriger vers la biologie, notamment la génétique, mais aussi vers la psychanalyse, la religion, la métaphysique, l'occultisme, l'astrologie. Dans sa vie amoureuse, il lui faudra non seulement, une harmonie sexuelle, mais aussi, des atomes crochus sur le plan intellectuel.

Il serait bien avec un autre Scorpion ascendant Gémeaux, mais aussi avec un Scorpion ascendant Sagittaire ou avec un tendre Cancer ascendant Sagittaire avec qui il ferait de grands voyages.

Scorpion ascendant Cancer

Lorsque le Scorpion ascendant Cancer paraît, c'est la nuit, on se rapproche de minuit.

La personnalité rêveuse, imaginative et sensible du Cancer va se mettre au service des aspirations du Scorpion et lui donnera un côté plus rond, plus bon enfant. Par contre, rendu ultrasensible aux ambiances, il sera souvent mal compris, manifestant tantôt une agressivité percutante et rapide, tantôt se montrant doux et charmant, au point que certains, dans ces moments là, pourraient le prendre pour un naïf. Mais, s'ils tentaient d'en profiter, ils risqueraient de se faire plumer et non le contraire.

Il rêvera de voyages, il tentera d'aller au-delà des mers pour y faire fortune ou pour apprendre quelque chose de nouveau.

Ce natif du Scorpion sera toujours en train d'imaginer quelque chose de plus beau ou de plus étrange, ou de plus mystérieux, derrière sa colline. Il serait heureux, par exemple, d'aller voir de près les rites de Kali au Népal ou les cérémonies Vaudou à Haïti.

Il pourrait se diriger vers un domaine artistique comme le cinéma, il ferait alors des films portant l'empreinte fascinante et obscure du Scorpion.

Mais, il pourrait aussi bien se diriger vers le monde des affaires en allant chercher à l'étranger, pour les revendre dans son pays, des objets anciens et bizarres, voire magiques.

Sa vie amoureuse sera à la fois tendre et sexuelle.

Il serait bien avec un autre Scorpion ascendant Cancer qui le comprendrait, avec un Scorpion ascendant Capricorne qui le stabiliserait ou avec un Capricorne ascendant Capricorne qui ne se laisserait pas piquer.

Scorpion ascendant Lion

Lorsque le Scorpion ascendant Lion pousse son premier cri, on est aux alentours de minuit. Le Soleil est au Fond du Ciel.

La personnalité volontaire du Lion va appuyer la volonté déjà suffisamment intense du Scorpion.

Habitué depuis son enfance à vivre aux côtés d'une ou de plusieurs personnes brillantes, ce natif du Scorpion saura ce qu'il veut. Et, ce qu'il veut, n'est pas forcément la gloire, mais comprendre, savoir, saisir en profondeur, connaître vraiment.

Cela dit, obéir n'est pas son fort, sa volonté est trop puissante. Orgueilleux, entier, imposant son point de vue sans trop se soucier de l'effet produit sur les autres, il aime quand même communiquer avec son prochain. Mais à condition que le prochain en question l'admire sans trop de restriction et ne s'avise pas trop de le critiquer, car il pense avoir toujours raison.

Il peut se diriger vers un métier artistique comme la

décoration ou faire un métier qui lui rapporte de l'argent et devenir architecte ou promoteur ou encore faire une recherche historique, s'intéresser aux civilisations disparues.

Il finira ses jours dans un cadre agréable et dans la réussite, pouvant même recevoir, sur le tard, une distinction honorifique, même s'il en a déjà été honoré auparavant.

Ne se sentant pas l'âme d'un vagabond, il a besoin d'un foyer et d'un partenaire amoureux possédant une forte personnalité.

Il serait bien avec un autre Scorpion ascendant Lion, un Taureau ascendant Verseau ou un autre Scorpion ascendant Verseau, à condition que celui-ci ne lui fasse pas trop d'ombre.

Scorpion ascendant Vierge

Lorsque paraît le Scorpion ascendant Vierge, on est au cœur de la nuit, entre le coucher du Soleil et son lever.

La logique sans faille de la personnalité Vierge de ce natif va se mettre au service de la volonté exigeante de ce Scorpion.

Ignorants et paresseux, éloignez-vous de ce Scorpion, habile, intelligent, perfectionniste à l'esprit critique extrême, si vous ne désirez pas être piqué sans la moindre compassion, sauf si vous n'avez pas d'amour propre.

Pourtant, ce Scorpion là adore communiquer et sait le faire à la perfection, sachant, quand il le faut, mettre son agressivité en veilleuse. Il sera entouré d'amis, mais bien sûr, d'amis intelligents et intéressants, curieux comme lui et possédant une forte personnalité. Il rejettera les autres.

Tout ceci ne l'empêchera pas d'être souvent inquiet ou doutant de lui. Perfectionniste, il aura tendance à trouver que ce qu'il fait n'est pas assez bien, mais saura le cacher, sachant que ce n'est pas en se dévalorisant qu'on réussit. Aussi, sous ses grands airs et son humour, se cachera un grand inquiet. Cette inquiétude est la cause principale de ses maladies.

Il pourrait se diriger vers l'écriture, les médias. Il pourrait être journaliste, scientifique, médecin branché, sachant utiliser la haute technologie. Il pourrait aussi s'intéresser à l'astrologie, ou encore à la politique, aidé par ses brillants amis.

En amour, il choisit ses partenaires à l'intuition.

Il serait bien avec un Capricorne ascendant Vierge ou avec un autre Scorpion ascendant Vierge.

Scorpion ascendant Balance

Lorsque naît le Scorpion ascendant Balance, c'est la fin de la nuit, mais le Soleil est encore bien caché sous l'horizon.

Ce Scorpion là va être nettement plus conciliant qu'un pur Scorpion. Ou tout au moins il va tenter de l'être, car il n'est pas évident de vouloir imposer ses désirs et sa volonté, ne pas supporter les injustices, et, en même temps, vouloir plaire aux autres.

Il a un avantage, celui de sentir si les gens qu'il a en face de lui sont honnêtes et authentiques. Et aussi, celui de sentir ce qu'il faut leur dire et comment se comporter. Alors que le pur Scorpion aurait tendance à ne pas se préoccuper de son look, avec l'ascendant Balance, pas question de se laisser aller. Il saura être élégant, aussi bien dans sa façon de s'habiller que de se comporter. Il connaîtra les règles du savoir-vivre et les appliquera ; à moins que, tout à coup, rendu furieux par quelque chose ou quelqu'un qui se met en travers de sa route, il se dresse soudain, plein de venin et de ressentiment.

Il peut aussi choisir de se replier sur lui-même. De toutes façons, ce Scorpion là aura besoin de se ressourcer périodiquement dans le calme d'une retraite ou en pratiquant la méditation.

Il pourrait se diriger vers un travail en laboratoire, vers l'écriture (il peut écrire des romans), vers le droit et devenir un redoutable avocat, ou un juge encore plus rude sachant percer à jour les coupables.

Sans amour, il trouve que la vie n'a pas de sens, mais son exigence ne lui facilite pas la tâche, malgré ses talents de grand séducteur.

Il serait bien avec un Scorpion ascendant Bélier ou avec un Taureau ascendant Balance.

Scorpion ascendant Sagittaire

Lorsque le Scorpion ascendant Sagittaire voit le jour, le Soleil est levé et entame sa course vers le Milieu du Ciel.

L'Ascendant Sagittaire va apporter à la personnalité du Scorpion sa coloration aimable, faite d'enthousiasme, d'optimisme, de joie de vivre.

Ce natif du Scorpion sera nettement plus expansif qu'un pur Scorpion, beaucoup plus chaleureux.

Grande gueule tout de même, mais d'un rire si communicatif, il va brasser plus d'air et se laissera aller, ayant davantage tendance à s'extérioriser.

De plus, il jouira d'une forte vitalité, joignant au côté increvable du Scorpion l'énergie feu du Sagittaire. Il aura non seulement, un physique particulièrement résistant qu'il entretiendra par du sport, mais aussi une volonté entraînante. Pour réaliser ses désirs, ce Scorpion malin pensera que l'argent est le nerf de la guerre et que, sans un sou, il ne pourra faire ce qu'il désire. Aussi, mettra-t-il les bœufs avant la charrue, contrairement à beaucoup d'autres, et se débrouillera-t-il pour être riche, en proportion de ses désirs. Il dépensera d'ailleurs, évidemment, pas mal d'argent, confiant qu'il est en sa bonne étoile.

Intelligent, il pourrait se diriger vers n'importe quel métier, du moment que cela rapporte. La médecine, la biologie, la psychanalyse, les arts, la banque lui iraient bien.

Sa vie amoureuse est sexuelle et sans complexe.

Il serait bien avec un autre Scorpion ascendant Sagittaire ou avec un Taureau ascendant Gémeaux.

Scorpion ascendant Capricorne

Lorsque voit le jour le Scorpion ascendant Capricorne, c'est la fin de la matinée. Le Soleil commence à être haut dans le ciel.

Le sérieux de l'Ascendant Capricorne va se mettre au service des désirs du Scorpion. Ce natif du Scorpion, dont les désirs sont impératifs, quel que soit le but à atteindre, va cacher son jeu. Prudent, ne parlant pas pour ne rien dire, particulièrement tenace, persévérant, résistant au mal, serrant les dents en cas de difficultés, il allie le courage du Scorpion et le stoïcisme de la Chèvre. Il est capable de se serrer la ceinture jusqu'à ce qu'il ait atteint ses objectifs. Avec lui pas de belles paroles sur lesquelles on ne peut se fier, avec lui c'est du sûr. A condition d'être correct car, en cas de blessure, attention à la vengeance qui est un plat qui se mange froid. Ce Scorpion là saura attendre pour trouver la faille où il pourra enfoncer son dard.

Contrairement aux apparences et sauf élément contraire dans son thème, c'est un idéaliste. Un idéaliste qui veille tout de même, à s'assurer une sécurité matérielle, car il garde les pieds sur terre et sait, que sous les ponts, il aura du mal à méditer et à faire régner la justice.

Il a le goût des études et pourrait se diriger vers la biologie, la médecine, la chimie, la géologie, la vulcanologie ou encore vers le droit.

En ce qui concerne sa vie amoureuse, il veut du tendre, du sexuel et du solide !

Il serait bien avec un autre Scorpion ascendant Capricorne, avec un Scorpion ascendant Cancer qui l'aiderait à se laisser aller et à se décider à manifester sa tendresse ou avec un Taureau ascendant Cancer, dont la sensualité et le goût du confort l'agaceraient parfois, mais l'aideraient à s'épanouir.

Scorpion ascendant Verseau

Lorsque le Scorpion ascendant Verseau voit le jour, le Soleil est très haut sur l'horizon. On est aux alentours de midi. Le Soleil est tout proche du Milieu du Ciel.

A la coloration Verseau, donnée par l'ascendant, va s'ajouter la polarité lumineuse donnée par le Soleil, au sommet du thème.

L'intelligence du Verseau, son esprit inventif vont se mettre au service des aspirations du Scorpion.

Ce natif du Scorpion aura des idées bien à lui et n'aura besoin de personne pour savoir comment et quoi penser. Il pourra surprendre par la voie qu'il suivra pour arriver à ses fins. On le prendra parfois pour un original, mais c'est qu'il est, presque toujours, en avance sur son temps.

Il ne sera pas toujours très conciliant, il sera même un peu brusque et certains seront choqués. Pourtant, il est intègre et on peut lui faire confiance. S'il vous donne son opinion sans prendre de gants, c'est qu'il ne voit pas pourquoi il perdrait son temps à faire des salamalecs. Il préfère aller droit au but et certains le trouveront "pète sec".

Il pourra faire de brillantes études en rapport avec son signe puisque celui ci culmine. Il pourrait donc se diriger vers la vulcanologie, l'armée, l'atome, la biologie, la psychiatrie ou même l'ésotérisme.

Il aura tendance à faire un mariage important au niveau social. Il pourrait même épouser un personnage public. Lui-même, d'ailleurs, a des chances de se trouver sous les feux de l'actualité. En amour, il n'aime pas se sentir enchaîné.

Il serait bien avec autre Scorpion ascendant Verseau, au moins ils se comprendraient, mais aussi avec un Cancer ascendant Lion ou avec un Taureau ascendant Lion.

Scorpion ascendant Poissons

Lorsque naît le Scorpion ascendant Poissons, le Soleil a fini de culminer et a entamé sa descente vers l'ouest. C'est le cœur de l'après midi, moment que les Anciens appelaient "Dieu".

La coloration Poissons, marquant la personnalité de ce natif, lui apporte toute sa sensibilité, sa réceptivité, voir son mysticisme. Encore plus sensible que le Scorpion, mais sans sa réaction agressive, puisqu'il a tendance, au contraire, à comprendre et à compatir. L'ascendant va adoucir l'agressivité du Scorpion, sans lui ôter pour autant sa volonté. L'ensemble va donner un être intuitif et imaginatif, créatif, avec une personnalité inspirant la sympathie.

Il pourrait se diriger vers la médecine ou la biologie, mais aussi vers la création artistique, dans le cinéma ou la musique. Ses créations, dans ce cas, seront vigoureuses, colorées, parfois dramatiques, empreintes de mystère et de sensualité.

Ce Scorpion forme un mélange assez explosif. Il fascine. Sa vie amoureuse et sexuelle aura une grande importance, à moins qu'il finisse, dans son désir d'absolu, par se détourner de l'amour humain pour se tourner vers une voie mystique ou occulte, orientant son énergie vers une voie spirituelle, comme le yoga de la kundalini ou les arts martiaux.

Mais, la plupart du temps, il souhaitera créer une famille et avoir au moins un enfant. Mais en amour il est très exigeant. Il lui faut une fusion sexuelle et psychique.

Il serait bien avec un Cancer ascendant Vierge ou avec un Capricorne ascendant Poissons ou encore avec un autre Scorpion ascendant Poissons.

♐

les Sagittaires

Le Sagittaire est le neuvième signe du zodiaque et le troisième signe de feu. Il entame le troisième cycle des quatre éléments : feu, terre, air, eau. Il est masculin, comme tous les signes de feu. Sa planète est Jupiter, le dieu père, le roi des dieux, celui qui règne dans l'Olympe.

Dans l'homme zodiaque, il régit les cuisses.

Il est symbolisé par un centaure, cet être fabuleux qui a la tête et le buste d'un homme et le corps d'un cheval. Ce centaure tire à l'arc et lorsque l'on tourne la tête vers le ciel et que l'on regarde sa constellation, on voit qu'il semble viser le centre galactique.

Les Sagittaires, on s'en doute, sont des grands sportifs qui, tout comme les chevaux, aiment galoper dans les vastes prairies. Aussi, est-ce le signe des gens qui s'intéressent aux chevaux, à l'équitation, aux courses, et aujourd'hui aux motos.

Ce sont, tout comme les centaures, ces êtres combatifs, parfois violents, qui parfois peuvent prendre des cuites mémorables, des gens dynamiques, un brin guerriers, aimant la bonne chair et le bon vin.

Le Sagittaire est le signe de l'expansion et de l'exagération. Aussi, les Sagittaires sont-ils grande gueule, ayant de la présence, extravertis. On dit d'eux qu'"ils font de l'air". En fait, ils sont optimistes, enthousiastes, généreux, sociables. Ils se donnent des allures de grands seigneurs, et possèdent, en général, un rire communicatif. Ils aiment les honneurs, l'autorité visible, les postes honorifiques. Ils attirent la chance. Mais c'est peut-être aussi, parce qu'ils ont, d'une part, le sens de la justice et de l'autre, une bonne intuition et enfin, parce qu'ils ont confiance en leur bonne étoile. Mais, ils peuvent être excessifs, gourmands, vaniteux.

Physiquement, il sont assez grands, musclés, un peu enrobés. Leur visage est ovale et quand il s'empâte, un peu en poire.

Sagittaire ascendant Sagittaire

Lorsque le Sagittaire ascendant Sagittaire pousse son premier cri, le Soleil se lève en même temps que le signe du Sagittaire. Le Soleil se trouve donc à l'ascendant.

Notre Sagittaire, non seulement sera doublement Sagittaire, mais le Soleil à l'ascendant lui donnera une polarité solaire qui pourrait le faire prendre pour un Lion.

Ce natif du Sagittaire va être extraverti, voire exubérant, optimiste. Doué d'une forte présence, grand seigneur, sa personnalité ne passera pas inaperçue. Il est chaleureux, son rire est communicatif, ses gestes amples. Il pourrait faire un très bon comédien, ou tout au moins, utiliser sa capacité de se mettre en scène, pour réussir. Mais de toutes façons, quoiqu'il fasse, il attire le succès. Il doit tout de même veiller à ne pas toujours tout ramener à lui.

Il a besoin de grand air et d'exercice physique. Il pourrait faire de l'équitation, car il aime les chevaux et ceux-ci le lui rendent bien. Il adore les voyages, de préférence dans les pays lointains. Autrefois, il aurait été explorateur.

Aujourd'hui, il pourrait se diriger vers les arts, comme l'architecture, la peinture, la musique. Mais, il pourrait aussi se diriger vers la médecine ou vers la magistrature ou encore vers l'écriture. Il s'intéresse à la spiritualité et pourrait suivre une voie comme les arts martiaux traditionnels ou s'il s'agit d'une femme, la danse.

Sa vie amoureuse est franche et sans complexe.

Il serait bien avec un Gémeaux ascendant Sagittaire, un Lion ascendant Sagittaire.

Sagittaire ascendant Bélier

Lorsque naît le Sagittaire ascendant Bélier, le Soleil est haut dans le ciel, mais il a commencé sa descente vers l'ouest. C'est le début de l'après-midi.

La polarité Bélier apportée par l'ascendant, va donner à ce Sagittaire sa coloration martienne. Ce natif du Sagittaire va être particulièrement dynamique, voire agressif, très physique.

Il est rapide, souvent pressé, direct, ambitieux, stimulé par la compétition. Il a besoin en tout ce qu'il fait, d'être le meilleur, de briller, d'être vu.

Mais, il ne s'abaissera jamais à des actes tortueux ou malhonnêtes pour arriver à ses fins. Il dit ce qu'il pense, parfois même trop, ce qui peut lui causer des ennuis. Bouillant, il se met facilement en colère et a besoin de se défouler dans des sports de vitesse ou des sports à risque.

Il adore les voyages. Aller dans les pays lointains est pour lui le sel de la vie, tout comme le sport. Il a besoin de se sentir vivre physiquement.

Créatif, il aime le spectacle et se dirigerait volontiers vers une profession comme le théâtre.

Il a besoin d'indépendance et sera mieux dans une profession où il sera le chef ou son propre maître.

Il pourrait monter une affaire en rapport avec les voyages ou le tourisme, faire de la politique ou de l'import-export.

Sa vie amoureuse est conquérante, directe et chaleureuse.

Il serait bien avec un autre Sagittaire ascendant Bélier, un Bélier ascendant Bélier, une Balance ascendant Bélier ou encore un Lion ascendant Balance.

Sagittaire ascendant Taureau

Lorsque naît le Sagittaire ascendant Taureau, on est dans la dernière partie de l'après-midi. Le Soleil décline vers l'ouest.

La personnalité donnée par le Taureau va quelque peu calmer les ardeurs bouillonnantes du Sagittaire. La persévérance, le sens des réalités apportés par le Taureau, vont se mettre au service des aspirations Sagittaire. Des voyages, du sport et les plaisirs de la vie, oui, mais pas n'importe comment et après avoir bien réfléchi. Il ne s'agit pas de perdre le nord et de s'embarquer à l'aventure, sans assurer ses arrières. Les voyages c'est bien, mais partir sans un sou, pas question !

Ce Sagittaire là aimera particulièrement la nature, la campagne, les plantes et les animaux.

Il parle de ce qu'il connaît et ne fait pas d'esbroufe. On peut compter sur lui. Il ne change pas d'avis comme de chemise. Il est serviable et travailleur.

Les plaisirs de la vie comptent beaucoup pour lui. Il aime boire et manger, et a besoin de faire vibrer ses cinq sens. De même, la vie artistique est importante pour lui et il a besoin d'une ambiance musicale s'il s'adonne à une création artistique.

Il s'intéresse aussi à la haute technologie et ne se laisse pas dépasser par la civilisation en marche.

Il pourrait se diriger vers un domaine médical ou artistique, ou encore vers l'astronomie.

La vie amoureuse compte beaucoup pour lui. Elle doit être sensuelle et confortable.

Il serait bien avec un autre Sagittaire ascendant Taureau, avec un Lion ascendant Scorpion ou avec un Sagittaire ascendant Taureau.

Sagittaire ascendant Gémeaux

Lorsque le Sagittaire ascendant Gémeaux voit le jour, le Soleil est en train de se coucher. Il se trouve donc tout proche du descendant.

La jeunesse de caractère des Gémeaux, son humour, vont aider ce Sagittaire à se prendre moins au sérieux. Il ne pourra s'empêcher de se mettre en scène, mais saura prendre assez de recul pour rire de lui-même.

Il sera tout à fait charmant et tourné vers les autres. La vie en société sera pour lui particulièrement importante. Il aura besoin d'être en contact avec des gens brillants et optimistes, ce qui compensera le côté inquiet et nerveux de sa personnalité Gémeaux. Le destin fera d'ailleurs qu'il rencontrera des gens brillants et intéressants qui le stimuleront et le feront rire. Ils lui feront donner le meilleur de lui-même. Il n'aimera pas vivre seul. Il aura besoin de se marier légalement et en grande pompe et aura toutes les chances de faire un mariage qui l'aidera à réussir. Il en sera de même au niveau de ses associations, car, dans le travail également, il aura besoin d'un associé ou d'un collaborateur dynamique et optimiste.

Intelligent et aimant les arts, habile de ses mains, il pourrait se diriger vers un domaine artistique comme la musique ou le cinéma. Il pourrait se faire un nom, avoir un public.

Sa vie amoureuse est en même temps animale et mentale.

Il serait bien avec un Gémeaux ascendant Gémeaux, un Gémeaux ascendant Sagittaire, un Lion ascendant Sagittaire.

Sagittaire ascendant Cancer

Lorsque le Sagittaire ascendant Cancer voit le jour, le Soleil est couché depuis quelque temps.

Le Cancer va apporter à ce Sagittaire sa note lunaire, son goût du rêve, son extrême sensibilité aux ambiances et donc son apparente versatilité. Mais aussi, sa grande imagination, son intuition, sa mémoire. Souvent inquiet, parfois obsédé par l'idée de la mort, ce Sagittaire aura besoin d'un entourage familial, au sein duquel il se sentira se réconforté. Il sera inquiet à l'idée de manquer d'argent et rêvera d'héritage ou de finance par mariage ou association, fortune qui, tombée du ciel, lui permettrait de rêver tranquillement sans trop se fatiguer. Moins dynamique qu'un pur Sagittaire, il arrive quand même à ses fins, comme l'eau du rivage finit par user les rochers.

Il s'intéresse à l'ésotérisme, à la spiritualité et pourrait suivre une voie comme le yoga, ou l'étude des textes sacrés des différentes traditions.

Il pourrait se diriger vers la banque ou les assurances, l'import-export, l'occultisme. Il s'intéresse aux objets anciens et veille à ce que son habitation soit décorée avec goût, témoignant son intérêt pour les anciennes civilisations.

Il aura de grands besoins affectifs et en cas de manque, compensera avec la nourriture, d'autant que, comme tout bon Sagittaire, il adore participer à de joyeux banquets.

Il a besoin d'un conjoint sur qui s'appuyer psychologiquement. Il a besoin de tendresse et de plaisirs.

Il serait bien avec un Sagittaire ascendant Capricorne qui le stabiliserait, et lui apporterait la sécurité affective et financière ou avec un autre Sagittaire ascendant Cancer.

Sagittaire ascendant Lion

Lorsque le Sagittaire ascendant Lion voit le jour, c'est la nuit, le Soleil s'achemine vers le Fond du Ciel.

L'ascendant Lion accentue la polarité feu du Sagittaire. Aussi, ce Sagittaire là sera-t-il particulièrement dynamique. Il sera ambitieux, mais ses ambitions seront nobles. Son esprit se tournera vers les grands voyages qu'ils appartiennent au plan physique ou mental.

Sur le plan physique, il adorera prendre l'avion, visiter des contrées peu courues, contempler des paysages inconnus. Il adorera s'initier aux coutumes étrangères. Il aimera goûter les plats du pays où il se trouve, échanger des idées avec des gens de différentes cultures. Il rencontrera d'ailleurs, des gens importants lors de ses voyages.

Sur le plan mental, il s'intéressera au droit, à l'enseignement, à la morale. Il sera tourné vers la spiritualité ou la métaphysique. De toutes façons il aimera étudier.

Il pourrait se diriger vers l'enseignement, la diplomatie,

l'étude des langues, la culture.

Il pourrait entrer dans une grande administration.

Il aimera le beau, et pourrait aussi se diriger vers une profession artistique.

Quoiqu'il fasse, il a des chances d'être plus apprécié et honoré à l'étranger que dans son propre pays.

Avec lui, c'est l'amour grandiose et au top. Il peut le trouver à l'étranger.

Il serait bien avec un Sagittaire ascendant Lion comme lui ou avec un Sagittaire ascendant Verseau ou encore avec un Lion ascendant Sagittaire ou ascendant Lion.

Sagittaire ascendant Vierge

Lorsque naît le Sagittaire ascendant Vierge, on est aux alentours de minuit. Le Soleil n'est pas loin du Fond du Ciel.

La personnalité Vierge, avec toute sa raison, sa logique imparable, son intégrité, va faire de notre enthousiaste Sagittaire, un être raisonnable qui saura modérer son bouillant enthousiasme. Avant de se lancer dans l'aventure, tout sera examiné de fond en comble. Très mental, ce Sagittaire vivra d'avantage dans l'aventure intellectuelle que physique. Il pourra faire des études difficiles et se diriger vers les sciences, le droit ou la politique.

Mais, cela ne l'empêchera pas pour autant de faire du sport.

Il visera haut, car il aura hérité de l'un de ses parents, un côté brillant et il aura sans doute vécu son enfance au contact de gens intéressants qui lui auront donné l'idée de suivre leur chemin.

Il terminera ses jours dans la réussite et peut-être même dans les honneurs.

Son foyer aura une grande importance et la décoration aura son rôle à jouer dans sa réussite. Car il aimera recevoir chez lui des gens intéressants y recréant ainsi un peu de l'ambiance de son enfance.

Parfois il aura du mal à concilier sa vie privée avec sa vie professionnelle. Car il voudrait bien réussir les deux à la perfection. Le perfectionnisme est sans doute son point faible.

En amour comme ailleurs, il recherchera la perfection.

Il serait bien avec un Lion ascendant Vierge, mais il sera aussi attiré par un Sagittaire ascendant Poissons.

Sagittaire ascendant Balance

Lorsque le Sagittaire ascendant Balance voit le jour, on est au cœur de la nuit, entre minuit et le lever du Soleil.

La subtilité de la Balance et sa grâce se mettront au

service des aspirations Sagittaire.

L'esprit conquérant et aventureux du Sagittaire sera servi par un sens aigu de la communication et par un raffinement que n'a pas toujours le fougueux Sagittaire, qui deviendra, sous la poussée de la Balance, un fin diplomate. Ce natif du Sagittaire saura trouver les mots qui séduisent, les attitudes qui charment, sans rien perdre de sa présence naturelle, de sa joie de vivre. La vie amicale et associative, voire mondaine sera importante pour lui. Il saura s'entourer de nombreux amis et se faire des relations parmi des gens influents, aimant comme lui mener la vie à grand braquet. Il aura toujours des projets grandioses.

Il aura horreur des injustices, aura un goût prononcé pour les traditions. Il saura toujours comment organiser une réunion ou un dîner mondain, sans faute de protocole ni de goût. Il sera à l'aise partout.

Il pourrait se diriger vers le droit, la communication, mais aussi vers la musique, le cinéma.

Il aimera les voyages, et pourrait aussi entrer dans une grande organisation internationale comme l'UNESCO, l'ONU, militer pour un idéal, dans le cadre par exemple de la lutte en faveur des opprimés de toutes sortes, qu'il s'agisse des humains ou des animaux.

Sa vie amoureuse sera intense et raffinée.

Il serait bien avec un Gémeaux ascendant Balance ou un Sagittaire ascendant Bélier.

Sagittaire ascendant Scorpion

Lorsque naît le Sagittaire ascendant Scorpion, c'est la fin de la nuit, mais le Soleil est encore bien caché sous l'horizon.

La polarité dynamique et courageuse, mais quelque peu agressive du Scorpion va se mettre au service des aspirations du Sagittaire.

Ambitieux, mais pouvant cacher son jeu, ce Sagittaire vise toujours large et haut. Il lui faut de l'action, qu'elle soit physique ou mentale.

Physique : il a besoin de se défouler et de canaliser son agressivité dans des arts martiaux, comme le kung fu, le tir à l'arc ou le pistolet.

Au plan mental, il a besoin de connaître en profondeur et ne peut se contenter d'à peu près.

Pas toujours facile, il faut presque toujours qu'il ait raison et il ne se gêne pas pour contredire avec véhémence ses interlocuteurs. Volontaire, il a en famille un petit côté dictateur, qu'il lui faut apprendre à corriger. Il aime la vie, mais est tourné vers la mort et ses mystères. Aussi éprouve t-il souvent le besoin de faire une retraite chez les moines, ou de suivre une voie ésotérique ou mystique.

Il pourrait se diriger vers la médecine, la recherche biologique en laboratoire, humaine ou animale, comme par exemple la recherche sur les venins. Il faudra voir où se trouve Pluton, le maître du Scorpion.

Sa vie amoureuse sera très sexuelle, pas du tout platonique, dans la bonne humeur, avec une petite note épicée.

Il serait bien avec un Lion ascendant Scorpion, un Bélier ascendant Taureau, un Sagittaire ascendant Taureau ou avec son alter ego, Sagittaire ascendant Scorpion.

Sagittaire ascendant Capricorne

Lorsque naît le Sagittaire ascendant Capricorne, le Soleil s'est levé depuis un moment. C'est le début de la matinée.

L'ambition, le sens pratique, la ténacité, le sérieux, la capacité à savoir se priver, si cela est nécessaire, toutes ces caractéristiques données par l'ascendant, vont largement canaliser les élans Sagittaire donnés par le Soleil.

Aimant la vie et entendant en profiter, ce natif saura utiliser ses qualités Capricorne pour atteindre ses objectifs. Il saura contrôler ses pulsions animales et retenir, lorsqu'il le faudra, ses grands éclats de rire tonitruants. Il aura le sens des responsabilités, ce qui le rendra un peu moins optimiste, un peu moins enthousiaste qu'un pur Sagittaire, mais plus habile. Bref, un Sagittaire qui aurait mûri et appris à se contrôler et à être patient.

Il aura aussi vite compris que, si l'argent ne fait pas le bonheur, il en faut tout de même un minimum si l'on souhaite réaliser les projets qui nous tiennent à cœur. Aussi, son premier souci sera-t-il de bien gagner sa vie.

Ce Sagittaire pourra alors, sans problème, prendre l'avion pour aller à l'autre bout du monde (son grand plaisir), mais aussi faire de l'équitation ou jouer au golf.

Il pourrait se diriger vers le droit, les sciences ou la musique. Tout dépendra de la position de Saturne, le maître de son ascendant.

Dans sa vie amoureuse, il recherchera à la fois tendresse et sécurité, mais pourrait bien céder à une grande passion.

Il serait bien avec un autre Sagittaire ascendant Capricorne ou avec un Sagittaire ascendant Cancer ou encore avec un Gémeaux ascendant Cancer ou ascendant Capricorne.

Sagittaire ascendant Verseau

Lorsque naît le Sagittaire ascendant Verseau, le Soleil est déjà assez haut sur l'horizon. C'est la fin de la matinée.

L'ascendant Verseau, avec ses qualités d'indépendance, d'originalité, de soif de savoir, va pousser le Soleil du Sagittaire à l'action et à l'étude, suivant ses propres aspirations, sans trop se soucier de la mode et du politiquement correct. Ce natif du Sagittaire agira avec enthousiasme et intelligence, tourné vers le futur, s'appropriant les nouvelles technologies avec une grande facilité.

L'argent sera important, certes, mais secondaire par

rapport à son besoin de comprendre et d'appréhender l'univers. Il est beaucoup moins "animal" qu'un pur Sagittaire, plus désincarné en quelque sorte.

Intègre, généreux, optimiste, il sera apprécié de ses proches. Mais il peut manquer du sens des réalités matérielles, de sorte qu'il risque de ne pas toujours retirer le fruit de ses efforts. Son honnêteté pourrait lui jouer des tours, s'il ne se méfie pas.

Il peut aussi, parfois, être déconcertant, car ses idées, souvent en avance sur son temps, peuvent choquer, d'autant qu'il n'a pas l'habitude de prendre des gants. Ce qui ne l'empêche pas d'avoir un certain talent pour la communication. Il peut faire des études brillantes dans les sciences, mais peu de domaines lui sont interdits.

Sa vie amoureuse n'est pas banale. Il lui faut, de préférence, un être d'exception et il ne souffre pas de se sentir enchaîné.

Il serait bien avec un Verseau ascendant Verseau, un autre Sagittaire ascendant Verseau ou Ascendant Lion.

Sagittaire ascendant Poissons

Lorsque le Sagittaire ascendant Poissons voit le jour, le Soleil est haut sur l'horizon. On est aux alentours de midi. Le Soleil est tout proche du Milieu du Ciel.

La grande sensibilité, la grande intuition, donnée à ce

natif par son ascendant, vont exalter l'intuition donnée par son Soleil en Sagittaire ainsi que toutes ses facultés artistiques, mais lui apporter une touche mélancolique.

Et pourtant, avec son Soleil culminant, ce Sagittaire peut être resplendissant. La présence que donne le Soleil en Sagittaire est accentuée par cette polarité solaire. Aussi pourrait-il être acteur.

Il aime le sport, la mer, le grand air. Il aime rêver et voyager. Il voyage d'ailleurs, aussi bien dans sa tête que physiquement. Il est compatissant, charmant, et attire la sympathie et l'admiration.

La vie spirituelle aussi est importante pour lui. Un tel natif se dirige souvent vers une recherche philosophique ou religieuse.

Tout dépend de la position de Neptune, le maître de son ascendant.

En dehors d'une profession artistique comme la musique, le cinéma, la peinture, il pourrait se diriger vers le médical ou encore vers une profession lui donnant l'occasion de voyager, alliant la culture et l'étranger.

Sensuel et mystique, la vie amoureuse tient pour lui une grande place. Il lui faut une union de corps et d'âme.

Il serait bien avec un Sagittaire ascendant Poissons comme lui, avec un Gémeaux ascendant Vierge qui le fascinerait par son intelligence et son humour ou avec un Bélier ascendant Gémeaux, qui le dynamiserait et le distrairait.

♑

les Capricornes

Le Capricorne est le dixième signe du zodiaque et le troisième signe de Terre. Il est féminin comme tous les signes de terre. Sa planète est Saturne.

Dans l'homme zodiaque, il régit les genoux.

Il est symbolisé par un poisson – chèvre ou par une chèvre à queue de poisson, animal qui, en réalité, fait référence à Saturne, planète qui est considérée comme la dernière des planètes visibles. Saturne est donc à la fois la plus haute (d'où le symbolisme de la chèvre qui escalade les montagnes), si l'on considère que la Terre est en bas, le Ciel en haut, mais, la plus profonde, si l'on considère la profondeur du ciel, vue comme l'océan cosmique (d'où la queue de poisson).

Entre sommet et profondeur, on comprend que le Capricorne peut nous mener aussi bien vers la sagesse que vers l'ambition.

La chèvre escalade les montagnes et se retrouve seule au sommet. Elle se nourrit de peu, trouvant à manger, même où il n'y a pas d'herbe. Le poisson des profondeurs disparaît aux yeux des hommes.

On comprend, à partir de là, les caractéristiques du natif de ce signe. Persévérant, tenace, capable de discipline, de méthode, d'ascèse, il fait preuve d'une grande concentration. Il est sérieux, réfléchi, travailleur. Il peut accéder à de hauts postes. Il est rationnel et a conscience de ses responsabilités.

Mais, il peut manquer d'imagination, devenir méfiant et carrément rationaliste. Trop prudent, soupçonneux, il risque de manquer d'enthousiasme et d'optimisme. Il est même, parfois, carrément pessimiste, perpétuellement inquiet ou angoissé. Et, à force de prudence, il peut être obligé d'attendre la cinquantaine, avant de réussir.

Mais, il produit les savants, les chercheurs, les sages. Il aime la montagne, la solitude, le silence qui lui permet de réfléchir. Il est introverti et fuit les mondanités.

Physiquement, il est grand, mince, osseux. Son visage a la forme d'un ovale allongé. Il a de l'allure.

Capricorne ascendant Capricorne

Lorsque le Capricorne ascendant Capricorne pousse son premier cri, le Soleil, tout comme le signe où il se trouve, est en train de se lever.

On pourrait croire que l'on va trouver là une caricature de Capricorne. Mais il n'en est rien, car le Soleil, qui se trouve alors à l'ascendant, va donner à ce natif une polarité solaire qui, parfois, pourrait le faire prendre pour un Lion.

Ce Capricorne aura quand même, bien sûr, de façon bien marquée, nombre des caractéristiques du Capricorne.

Sérieux, doué d'une grande capacité d'attention et de concentration , il est persévérant, travailleur, réfléchi.

Mais, en raison de la position du Soleil levant, il sera plus extraverti, plus rayonnant, moins ronchon et aussi, nettement moins modeste.

Il s'intéressera aux sciences, aux techniques, à l'industrie des métaux ou du froid, mais aussi à la politique, à la philosophie. Dans ce dernier cas, il pourrait s'intéresser aussi à l'alchimie.

Ambitieux, sûr de lui, il aura une certaine facilité à réussir. On lui accordera facilement les honneurs. On aura confiance en son honnêteté, son sens des responsabilités, en sa prudence, sa maturité.

Sur le plan affectif, il recherchera la tendresse et pourrait, sous ses apparences flegmatiques, être passionnément amoureux.

Il serait bien avec un autre Capricorne ascendant Capricorne, avec un Capricorne ascendant Cancer, avec un Scorpion ascendant Capricorne ou encore une Vierge ascendant Capricorne.

Capricorne ascendant Bélier

Lorsque le Capricorne ascendant Bélier pousse son premier cri, le Soleil est haut sur l'horizon. On est aux environs de midi.

Ce Soleil culminant apporte sa touche rayonnante à ce natif du Capricorne, un sens de la droiture et de la noblesse, de caractère inné.

Quant à la personnalité bouillonnante donnée par l'ascendant, elle va quelque peu accélérer notre prudent Capricorne.

Sportif, courageux, voire stoïque, il sera réfléchi, mais capable de prendre rapidement des décisions et de les mettre en pratique, en passant à l'acte sans tergiverser. Il restera fondamentalement prudent, mais saura, le cas échéant, prendre des risques calculés. Son caractère ne sera pas toujours facile. Dans l'ensemble assez contrôlé, il lui arrivera de temps en temps, quand la coupe sera trop pleine, d'exploser et de se mettre violemment en colère.

Ayant le sens de la compétition, il sait se battre et rebondir en cas d'épreuve. Il a un tempérament de leader, de chef d'entreprise et a besoin d'un minimum d'indépendance, ou alors, il faut qu'il soit le chef. S'il se dirige vers une discipline scientifique, il sera à la tête d'une équipe, s'il se dirige vers l'industrie ou les affaires, il sera le chef d'entreprise. Il peut accéder à un premier succès vers l'âge de 30/35 ans, puis atteindre la plénitude vers la cinquantaine.

Sur le plan affectif, il aura parfois du mal à extérioriser ses sentiments. Mais, une fois rassuré, c'est un ardent amoureux.

Il serait bien avec un autre Capricorne ascendant Bélier, avec un Capricorne ascendant Balance, un Scorpion ascendant Bélier ou même avec un Verseau ascendant Bélier ou encore avec un Cancer ascendant Balance.

Capricorne ascendant Taureau

Lorsque naît le Capricorne ascendant Taureau, le Soleil est très haut sur l'horizon, mais il a déjà commencé sa descente vers l'ouest. Il est un peu plus de midi.

La personnalité Taureau, donnée par l'ascendant, va aider efficacement les aspirations du Capricorne. Doublement marqué par la terre, ce natif sera solidement implanté dans la réalité matérielle. Ce n'est pas à lui qu'on pourra faire prendre des vessies pour des lanternes. Sauf élément contraire du thème (par exemple un Neptune dominant), il manquera peut être un peu de fantaisie et d'irrationnel. En tout cas, on pourra compter sur lui. Il est en béton. En béton certes, mais en chair aussi. Puissant, solide, réfléchi, travailleur, sachant s'occuper à s'assurer des bases matérielles, mais pas pour s'ennuyer. Sensuel et ayant les cinq sens bien développés, ce Capricorne entend bien profiter des plaisirs de la vie et utiliser, à son profit, l'argent qu'il aura gagné, car il aime les belles et bonnes choses. Physiquement solide, il aura toutefois besoin, pour être bien dans sa peau, de faire du sport, de préférence au grand air de la campagne ou de la montagne.

Il pourrait se diriger vers les sciences de la nature, la géologie, la chimie, mais aussi, vers les techniques modernes.

En amour, il lui faut de la tendresse, de la stabilité et de la sensualité.

Il serait bien avec un Scorpion ascendant Taureau, avec un Taureau ascendant Taureau ou avec un autre Capricorne ascendant Taureau.

Capricorne ascendant Gémeaux

Lorsque le Capricorne ascendant Gémeaux voit le jour, le Soleil se dirige doucement vers l'horizon ouest. On est à la fin de l'après midi.

La personnalité Gémeaux va apporter sa touche légère et subtile, au sérieux Capricorne. Voilà un Capricorne qui va prendre une touche de jeunesse.

Il ne perdra pas pour autant, ses qualités de concentration, sa grande capacité d'attention et de réflexion. Mais il saura faire preuve d'un caractère jeune, sachant se moquer de lui-même comme des autres. Doué d'une vive intelligence et d'un sens d'adaptation, habile, vif et curieux de tout, il aura plus d'une corde à son arc.

Sa personnalité pourra être trompeuse, car, sous ses dehors de gamin (ou de gamine), il restera Capricorne, recherchant la sagesse et la connaissance. Mais, timide, sous ses airs farceurs et cachant ses angoisses, par décence, n'aimant pas attrister les autres, il cherche à les distraire. Aussi aura-t-on parfois, du mal à le comprendre.

Il pourrait se diriger vers les mathématiques, qui demandent de la concentration et de la logique, vers la physique, mais aussi vers l'astronomie.

Il aimera les voyages et ne se contentera pas d'approfondir un seul sujet, une seule discipline, car il s'intéresse à tout. Aussi, pourrait-il avoir plusieurs professions, soit en même temps, soit l'une après l'autre.

Pas facile à satisfaire sur le plan amoureux, voulant la constance et ne supportant pas la monotonie.

Il serait bien avec un autre Capricorne ascendant Gémeaux, un Taureau ascendant Gémeaux ou encore avec un Capricorne ascendant Sagittaire.

Capricorne ascendant Cancer

Lorsque le Capricorne ascendant Cancer arrive au monde, le Soleil est en train de se coucher. Il est donc au descendant.

La grande sensibilité accordée à ce natif du Capricorne par l'ascendant va quelque peu ébranler sa stabilité, sa confiance en lui.

Très sensible aux ambiances, aux attaques, son humeur sera variable et contradictoire. Tantôt, il se montrera plus mûr, plus réfléchi que son âge et donnera l'impression de posséder une grande sagesse, tantôt, il se montrera enfantin et désemparé, voire naïf.

De même, s'il a besoin parfois de silence et de solitude, c'est quand même au contact des autres qu'il donnera le meilleur de lui-même, de préférence avec des gens particulièrement intéressants et brillants qui le stimuleront. Il pourrait d'ailleurs avoir un métier de contact ou avoir un public. Il pourra se jeter dans le travail pour oublier ses angoisses ou dans de vastes projets pour gagner de l'argent, car avoir de l'argent calmera ses inquiétudes, le sécurisera.

Il pourrait se diriger vers l'import-export, la politique, l'histoire, les affaires.

Pas vraiment guerrier, il aura besoin d'avoir une famille et de se marier. Il aura toutes les chances de faire un mariage brillant qui l'aidera à s'élever dans la hiérarchie sociale.

En amour, il lui faut de la tendresse et de la sécurité, s'il veut donner le meilleur de lui même.

Il serait bien avec un Capricorne ascendant Capricorne, avec un autre Capricorne ascendant Cancer ou avec un Taureau ou encore une Vierge ascendant Capricorne.

Capricorne ascendant Lion

Lorsque naît le Capricorne ascendant Lion, le Soleil est couché depuis un moment. La nuit vient de s'installer.

Le tempérament audacieux et ambitieux du Lion, son sens de la grandeur et de la noblesse vont se mettre au service des aspirations du Capricorne.

Mais ce Capricorne là, aura du mal à garder son empire sur lui-même. Son ascendant bouillant lui fera perdre son calme si, par hasard, quelqu'un ose le critiquer, ou pire encore, mettre en doute son intégrité ou sa grandeur d'âme. Car il est fier et susceptible.

Il sera attiré vers le mystère de la vie et de la mort. Ce sera là l'un de ses principaux sujets d'angoisse.

Il aura plusieurs manières de l'aborder, soit en se débrouillant pour gagner beaucoup d'argent, en avoir par mariage, contrats, associations ou crédit, ce qui lui permettra de se calmer, en se donnant un cadre de vie agréable, en s'entourant de beaux objets, d'autant qu'il aura un net penchant pour les arts, l'architecture, la peinture et la musique.

Mais il pourra aussi, et l'un n'empêche pas l'autre, se

tourner vers une voie ésotérique ou initiatique, afin de calmer ses angoisses existentielles.

Il pourrait se diriger vers les finances, la banque, les assurances, mais aussi les arts ou encore la politique.

Sur le plan affectif, il place la barre haut et ne boude pas son plaisir. Il est sans complexe.

Il serait bien avec un Capricorne ascendant Verseau, un Taureau ascendant Lion.

Capricorne ascendant Vierge

Lorsque naît le Capricorne ascendant Vierge, la nuit est bien noire. On se rapproche de minuit.

La personnalité mercurienne de la Vierge va se mettre au service des aspirations ambitieuses du Capricorne, qu'il s'agisse de réussite intellectuelle ou politique. Logique, rationnel, agacé par les gens superficiels, il est tourné vers les choses considérées comme sérieuses. Doté de compétences dans des domaines divers, il a parfois du mal à s'adapter aux circonstances, d'autant qu'il se refuse à effectuer les ronds de jambes nécessaires si l'on veut se faire des relations.

Il est captivé par le paranormal, mais il s'en méfie terriblement et résiste à cette fascination.

Il a soif de connaissances, mais aussi de puissance. Il lui faut exercer un certain pouvoir sur autrui.

Son besoin de comprendre peut aussi le pousser vers une voie spirituelle, ou à partir dans des pays lointains pour s'enrichir, aussi bien intellectuellement que spirituellement. Il a d'ailleurs de grandes chances d'être très bien reçu à l'étranger, voire honoré.

Il pourrait se diriger vers les sciences de la nature, comme la géologie, mais aussi vers les mathématiques, la physique, la technologie, vers l'enseignement supérieur ou la politique. Il pourrait aussi diriger une affaire.

Il est sévère dans ses choix amoureux, mais pourrait être fasciné par son contraire qu'il désapprouve. C'est un passionné qui tente de se raisonner.

Il serait bien avec un autre Capricorne ascendant Vierge, avec un Sagittaire ascendant Vierge, un Taureau ascendant Vierge. Un Capricorne ascendant Poissons l'attirerait, mais ne trouverait pas forcément longtemps grâce à ses yeux, car il serait trop nébuleux.

Capricorne ascendant Balance

Lorsque le Capricorne ascendant Balance voit le jour, on est aux environs de minuit. Le Soleil est proche du Fond du Ciel.

La Balance va apporter sa note intuitive et idéaliste au sérieux Capricorne.

Ce Capricorne là va être beaucoup plus sociable qu'un pur Capricorne. Doté de belles qualités comme la compassion ou l'amour de la justice, il a des pensées élevées. Il a tendance à valoriser tout ce qui a une influence bénéfique pour la société. On comprend que, du fait de ces qualités, il exerce une influence non négligeable sur les autres.

Tout en gardant la prudence du Capricorne, il est courtois et fin diplomate. Malgré tout, il réussira davantage la dernière partie de sa vie que la première. Il est réfléchi, travailleur et aime, malgré sa sociabilité, se ménager des moments de solitude pour pouvoir réfléchir dans le silence et le calme.

Il s'intéresse au passé, aux origines de l'homme, à l'archéologie, aux anciennes civilisations.

Ses rapports avec les autres sont dynamiques.

Il pourrait se diriger vers le droit ou la politique et terminer sa vie dans les honneurs.

Il a des chances de posséder des biens matériels comme des terres ou des maisons.

Avoir un foyer, une maison est important pour lui. Il attache une grande importance à son cadre de vie, à sa décoration, à l'ambiance qu'il y crée. Se marier sera important pour lui, mais à condition que l'on n'empiète pas trop sur sa liberté.

L'amour est pour lui une grande affaire. Il lui faut séduire en permanence.

Il serait bien avec un Capricorne ascendant Bélier, un Verseau ascendant Bélier ou Balance.

Capricorne ascendant Scorpion

Lorsque naît le Capricorne ascendant Scorpion, on est au cœur de la nuit, après minuit. Le Soleil se trouve entre le Fond du ciel et l'ascendant.

La polarité Scorpion, apportée par l'ascendant, va donner à ce Capricorne sa coloration plutonienne.

Doté d'une forte personnalité, dynamique, puissante, capable d'organiser et de prendre des risques, comme de tout casser pour tout reconstruire convenablement, ce natif du Capricorne sera toujours en train de faire des plans, de préparer de grandioses projets avec la plus grande énergie.

Intelligent, doué d'un grand pouvoir de volonté, il impose son point de vue, avec d'autant plus de facilité, qu'il dispose d'une grande force attractive qui ne laisse personne indifférent.

Il s'entoure d'amis et sait se faire de hautes relations capables de l'aider à la réalisation de ses objectifs. Il est estimé par les gens influents, mais il doit veiller à ne pas se montrer trop manipulateur. Il peut aussi se montrer dur ou impitoyable, aussi bien envers les autres qu'envers lui-même.

Il est capable de se projeter vers l'avenir et d'anticiper sur la marche des événements.

Il pourrait être attiré par une voie initiatique, car il est assez fasciné par le mystère de la vie et de la mort.

Il pourrait se diriger vers la politique, l'immobilier, la construction, l'architecture, l'industrie du bâtiment.

La sexualité est très importante pour lui.

Il serait bien avec un Capricorne ascendant Taureau dont la personnalité sensuelle répondrait à sa forte attirance pour le sexe opposé. Il serait bien aussi avec un Scorpion ascendant Taureau ou encore avec une Vierge ascendant Scorpion.

Capricorne ascendant Sagittaire

Lorsque naît le Capricorne ascendant Sagittaire, c'est la fin de la nuit. Il fait encore noir et le Soleil est toujours caché sous l'horizon.

La personnalité extravertie du Sagittaire va apporter au sérieux Capricorne, sa joie de vivre.

Certes il gardera ses qualités d'attention et de réflexion. Mais il sera davantage tourné vers les autres, moins soupçonneux, voire carrément confiant, aussi bien vis à vis des autres que de sa bonne étoile. Son attitude extérieure, son aspect souriant le rendront attirant, de même que son sens de la justice. Mais, il lui restera toujours un fond d'anxiété. Il éprouvera, régulièrement, le besoin de se retirer dans la solitude. Et, derrière sa façade souriante, derrière son aspect bon vivant, se cachera un goût du secret.

Sportif et très résistant physiquement, il a besoin de faire de l'exercice physique pour se sentir bien.

Il s'intéresse à la spiritualité, et sa voie serait plutôt une voie de méditation, de retraite. Il pourrait même envisager une vie monastique, car si ses instincts sont puissants, il sait les contrôler. Il est tolérant, mais ne se laisse jamais corrompre et, lorsqu'il exerce un pouvoir, c'est toujours avec justice et fermeté.

Il pourrait se diriger vers la recherche en laboratoire ou dans un hôpital ou encore dans un observatoire juché tout en haut d'une montagne.

En amour, il lui faut du sérieux, mais pas du platonique pour autant. Il prend son plaisir sans complexe.

Il serait bien avec un Scorpion ascendant Sagittaire, un autre Capricorne ascendant Sagittaire comme lui ou un Capricorne ascendant Gémeaux ou même un Verseau ascendant Sagittaire.

Capricorne ascendant Verseau

Lorsque paraît le Capricorne ascendant Verseau, le Soleil est bien levé. C'est le début de la matinée.

La polarité Verseau, apportée par l'ascendant, va donner à ce Capricorne sa coloration uranienne, originale et indépendante.

Ce natif du Capricorne, tout en étant tourné vers le futur, est, en fait, assez en phase avec son époque. Mais sa stabilité Capricorne est quelque peu malmenée par la nervosité que lui apporte son ascendant. Il est intègre et malgré son intelligence, il a du mal à faire des concessions et manque en cela de souplesse, ce qui lui vaut quelques inimitiés. De plus, certains sont déconcertés par son originalité et sa façon de donner la priorité à la vérité plutôt qu'aux belles paroles.

Cependant, il ne manquera jamais vraiment de rien, car son esprit pratique le pousse à s'occuper de bien gagner sa vie. Il travaille sans compter et, à force de persévérance et d'endurance, il arrive à ses fins.

Il pourrait se diriger vers des études scientifiques telles que l'astronomie, la physique, les technologies, ou la biologie et la physique nucléaire. Il pourrait faire une carrière de chercheur du fait de ses éclairs de génie et de ses grandes capacités d'attention, de réflexion et de patience.

Mais les circonstances pourraient aussi, en raison de sa silhouette fine et longiligne, l'entraîner vers le métier de mannequin ou le cinéma.

En amour, il lui faut à la fois du solide et du top.

Il serait bien avec un autre Capricorne ascendant Verseau, mais aussi avec un Capricorne ascendant Lion ou avec un Verseau ascendant Verseau ou un Scorpion ascendant Verseau.

Capricorne ascendant Poissons

Lorsque naît le Capricorne ascendant Poissons, le Soleil commence à être haut dans le ciel. Il se rapproche du Milieu du Ciel. C'est la fin de la matinée.

La polarité Poissons, apportée par l'ascendant, va donner à ce Capricorne sa coloration neptunienne, intuitive et hypersensible.

Ce natif du Capricorne va se montrer nettement moins rationnel qu'un pur Capricorne. Il aura une tendance au mysticisme, à la religion et perdra, de ce fait, une partie de sa stabilité. Il sera aussi plus souple et plus accommodant. Il sera compatissant et attirera les sympathies.

Cependant, le côté rationnel du Capricorne l'empêchera de verser dans la superstition ou le délire. Il gardera les pieds sur terre, il ne risquera pas de se noyer dans des pensées fumeuses.

Il saura se montrer travailleur et tenace lorsqu'il s'agira d'apprendre ou de négocier son savoir, malgré des périodes de découragement et une certaine timidité, ou plutôt, une certaine réserve.

Aimant les voyages et la musique, il pourrait se diriger vers les arts ou vers un métier qui le fera voyager. Mais, il pourrait également choisir les affaires ou le commerce.

Lorsqu'il est avec des personnes qu'il aime et connaît bien, il communique avec elles sans réserve et avec subtilité. Mais il se replie sur lui-même lorsqu'il "ne les sent pas". C'est qu'il a un grand besoin d'amour et de certitude dans ce domaine.

Il serait bien avec un autre Capricorne ascendant Poissons ou ascendant Vierge ou avec une Vierge ascendant Vierge.

♒

les Verseaux

Le Verseau est le onzième signe du zodiaque et le troisième signe d'air. Il est masculin comme tous les signes d'air. Sa planète est Uranus, cette planète bizarre qui ne tourne pas sur elle-même normalement, mais couchée, sur son axe, quasiment placé à l'horizontal, de sorte que son équateur semble rouler comme un cerceau.

Dans l'homme zodiaque, il régit les jambes et les chevilles.

Il est symbolisé par un jeune homme versant une onde étoilée en inclinant une cruche.

On pourrait se demander pourquoi le Verseau est considéré comme un signe d'air puisqu'il incline une cruche. C'est qu'il ne s'agit pas seulement de l'eau, mais de tout ce qui est onde, comme les ondes cosmiques. Il s'agit, en quelque sorte, des eaux d'en Haut. Il s'agit aussi, bien entendu, de l'eau ordinaire mais canalisée, maîtrisée par l'homme.

Le natif du Verseau est caractérisé par son indépendance. Il pense par lui-même. Son esprit critique et sa vive intelligence lui permettaient déjà, dans son enfance, de voir les failles de ses professeurs. Aussi n'était-il pas forcément un élève modèle, mais un "affreux jojo", plutôt en révolte. Adulte, il se libère facilement des a priori de son époque et de son milieu.

Le Verseau est le signe de la Liberté, sous sa forme la plus haute. Aussi ne sera-t-on pas étonné de savoir que c'est le signe des génies, de l'invention. C'est aussi le signe des astronomes, des astronautes, des fanas de science-fiction, c'est le signe de l'espace. Celui de la nouvelle ère dans laquelle nous entrons.

Mais, à l'extrême ; c'est le signe de la marginalité, de la difficulté à s'intégrer dans la société. D'autant que le Verseau ne fait pas de ronds de jambe, et peut rectifier assez sèchement les erreurs des autres.

Physiquement, le Verseau donne une silhouette mince et longiligne. L'ossature est fine, tout comme les traits du visage.

Verseau ascendant Verseau

Lorsque naît le Verseau ascendant Verseau, le Soleil est en train de se lever. Il se lève en même temps que le signe. Autrement dit, il est à l'ascendant.

Ce Verseau sera bien doublement Verseau, mais du fait du Soleil levant, il sera aussi solaire, ce qui lui donnera un petit côté Lion.

Intègre, inventif, intuitif, à la personnalité brillante, il est capable d'éclairs de génie, mais manque quelque peu de sens pratique. Il fait penser à un être désincarné ou appartenant à une autre planète. Mince, longiligne, la tête semble-t-il dans les étoiles, il a beaucoup de charme et attire les amis, mais n'est pas toujours apte à tirer des profits matériels de son intelligence.

Il est aussi parfois déconcertant. Déconcertant par son originalité, ses idées qui sont généralement en avance sur son temps. On comprend alors qu'il soit souvent incompris. Il s'échappe des normes, il voit les choses autrement, avec un esprit toujours neuf. Il ne suit pas la mode, il n'est pas politiquement correct et, avec un charme désarmant, rue dans les brancards de la bourgeoisie bien pensante, sans même s'en rendre compte. Dans la vie amicale on peut compter sur lui

Il pourrait se diriger vers les nouvelles technologies, l'informatique, le nucléaire, l'astronomie, l'aviation, l'espace, la recherche scientifique, la génétique ou encore l'astrologie.

Dans sa vie amoureuse, il peut rompre d'un seul coup

sans crier gare, car il n'a pas l'habitude de se plaindre.

Il serait bien avec un autre Verseau ascendant Verseau, avec un Lion ascendant Verseau, avec un Sagittaire ascendant Verseau ou avec un Verseau ascendant Lion.

Verseau ascendant Bélier

Lorsque naît le Verseau ascendant Bélier, le Soleil est déjà haut sur l'horizon. Il s'approche du Milieu du Ciel. C'est la fin de la matinée.

La personnalité ardente du Bélier va donner de l'énergie et de la combativité à ce natif du Verseau, qui va devenir plus physique, moins éthéré. Il sera d'ailleurs moins longiligne physiquement, plus musclé, moins grand.

Il sera plus conquérant, plus entreprenant, aimant les voyages, et sachant prendre des risques. Une petite vie tranquille ne l'intéressera pas vraiment.

Extrêmement indépendant, ayant du mal à obéir, il supporte difficilement les entraves.

Il lui faudra de l'aventure, qu'elle soit intellectuelle ou physique. Il aimera le sport, en particulier les sports aériens, deltaplane, aviation.

Cela ne l'empêchera pas d'être très mental, tourné vers les études, et en même temps d'être idéaliste.

Mais son ascendant le rendra plus brusque, piquant parfois de belles colères.

Il aime communiquer et utiliser toutes les techniques de pointe mises à sa disposition. Internet n'a pas de secret pour lui. Il pourrait d'ailleurs, se diriger vers une profession utilisant le net. Il pourrait monter une start-up, un e-business. Il pourrait être Web master ou programmeur. Mais il pourrait aussi se diriger vers le cinéma ou la télévision.

Il est très charmant quand il n'est pas trop excité et plaît beaucoup. En amour, il recherche l'harmonie et l'équilibre.

Il serait bien surtout avec un autre Verseau ascendant Bélier ou Balance, mais aussi avec un Scorpion ascendant Verseau ou un Capricorne ascendant Verseau.

Verseau ascendant Taureau

Lorsque naît le Verseau ascendant Taureau, on est aux environs de midi. Le Soleil est donc très haut dans le ciel, proche du Milieu du Ciel, ajoutant sa touche solaire rayonnante à ce natif.

La personnalité Taureau, donnée par l'ascendant à ce Verseau, va lui permettre de s'ancrer dans le matériel, de garder les pieds sur terre, même s'il a la tête dans les étoiles.

Il sera beaucoup plus endurant qu'un pur Verseau, mais plus sensuel aussi, davantage porté vers les nourritures terrestres. Il aura besoin d'être reconnu, de briller, de se faire un nom. Il saura d'ailleurs se mettre en vedette, aidé par sa présence naturelle. Il n'aura cette fois, rien de désincarné et saura parfaitement ce qu'il veut, sans se laisser marcher sur les pieds.

Travailleur, endurant, amateur de tout ce qui est beau, souhaitant être entouré de confort et de jouissance, il saura aussi, davantage qu'un pur Verseau, se plier sous les ordres d'un supérieur, qu'il s'agisse d'un maître de recherche ou d'un professeur ou même d'un patron.

Cela n'enlèvera rien à son intelligence, à son originalité, à son éclat.

Il pourrait se diriger vers le métier d'acteur dans le cinéma ou la télévision, mais aussi vers les sciences et les technologies de pointe ou l'astronomie. Il pourrait avoir deux périodes de réussite importante : l'une vers l'âge de 30/35 ans et l'autre à la fin de sa vie. Doté d'une forte sensualité.

Il serait bien avec un autre Verseau ascendant Taureau, un Capricorne ascendant Taureau ou Scorpion, ou encore avec un Gémeaux ascendant Scorpion.

Verseau ascendant Gémeaux

Lorsque naît le Verseau ascendant Gémeaux, le Soleil est très haut sur l'horizon, mais il a commencé sa descente vers l'ouest. C'est le début de l'après-midi.

Ce Verseau là ne manquera pas d'air. Son ascendant Gémeaux va accentuer ses capacités mentales et sa curiosité intellectuelle. Il aura toutes les chances d'être grand et mince. Intelligent, vif, doué pour toutes sortes de choses, qu'il s'agisse des mathématiques, de l'écriture, de la science, des arts.

Créatif, inventif, son problème sera de faire un choix par rapport à toutes ses possibilités.

Jeune de caractère, curieux de toutes les nouvelles technologies, il aime se divertir et a le sens du jeu, n'aimant pas se prendre au sérieux. Un brin marginal, éternel adolescent attirant la sympathie et les bonnes âmes prêtes à voler à son secours, il aimera les jeux vidéo, la réalité virtuelle.

Il fera montre d'une certaine fragilité psychique, et aura du mal à supporter des responsabilités trop lourdes. Il aura besoin de liberté et d'aller se promener lorsqu'il en a envie. Il lui faut de l'air, du mouvement. Hyper sensible, nerveux, il aurait besoin d'un exutoire artistique. Il pourrait se diriger vers le spectacle, le cinéma, la télévision, la création de jeux vidéos, la mise en scène, l'écriture de scénarios ; ou encore vers la musique.

La vie amoureuse est très importante pour lui, mais il a du mal à être stable.

Il serait bien avec un autre Verseau ascendant Gémeaux ou Sagittaire, avec un Bélier ascendant Gémeaux, avec un Sagittaire ascendant Gémeaux.

Verseau ascendant Cancer

Lorsque le Verseau ascendant Cancer naît, le Soleil décline. C'est la fin de l'après-midi.

La personnalité lunaire du Cancer, sa grande réceptivité, son imagination débordante vont se mettre au service des aspirations du Verseau.

Ce natif sera très intelligent et aura une excellente mémoire. Il sera sobre, honnête et loyal. Mais sa sensibilité extrême le rendra nerveux et parfois bizarre. Il risque de perdre courage et d'avoir du mal à contrôler ses émotions. Il gardera, par certains côtés, une âme d'enfant et aura parfois tendance à prendre ses rêves pour la réalité. Il racontera des histoires, largement enjolivées, auxquelles il finira par croire.

Il aura de nombreux centres d'intérêt, s'intéressant aussi bien aux arts qu'à la recherche.

Bûcheur, il sera le roi dans son travail où il sera particulièrement apprécié malgré son humeur changeante, car, son côté innocent en touchera plus d'un.

Serviable, il pourrait se diriger aussi vers le médical, surtout s'il s'agit de la médecine de pointe utilisant les nouvelles technologies, car il sera toujours en avance sur ce qui se fait de mieux.

Il aimera les voyages en avion, mais aussi la mer.

Du fait de son extrême sensibilité il aura du mal à trouver son équilibre affectif et le recherchera, tout d'abord, auprès de ceux qui l'entouraient durant son enfance.

Il serait bien avec un Verseau ascendant Capricorne qui lui donnerait de la stabilité, avec un Sagittaire ascendant Cancer ou encore avec un Bélier ascendant Cancer.

Verseau ascendant Lion

Lorsque naît le Verseau ascendant Lion, le Soleil est en train de se coucher. Il est donc près du descendant. Ainsi placé à un des angles du thème, il va apporter sa note solaire, renforçant les qualités de l'ascendant.

Ce Verseau là sera particulièrement vigoureux, ambitieux, sachant ce qu'il veut et pas toujours très commode : nerveux et soupe au lait, pouvant piquer des colères mémorables.

Mais il n'est pas, pour autant, tout à fait égocentrique, car il est fortement tourné vers les autres. La compagnie de personnes intéressantes et brillantes, au top de leur discipline, le stimulera. A leur contact il se montrera sous son meilleur aspect. Le destin fera, d'ailleurs, qu'il se trouvera en contact avec de telles personnes.

Il a le sens de l'honneur et ne sera jamais mesquin. Il a le sens de la grandeur, son comportement est empreint d'une certaine noblesse. Cependant, il a du mal à pardonner les bassesses et peut alors, se montrer blessant. Il est souvent instinctivement autoritaire et ne s'en aperçoit même pas. Il aime tout ce qui est beau. Il est courageux et capable d'affronter les dangers.

Il pourrait se diriger vers un métier de contact, se tourner vers la communication, les médias, la télévision ou le cinéma ou encore vers l'astrologie, mais aussi vers l'aviation. Ce Verseau a beaucoup d'allure et une belle présence, aussi pourrait-il également se tourner vers le métier de mannequin.

En amour il lui faut le top, aussi a-t-il du mal à trouver son partenaire.

Il serait bien avec un autre Verseau ascendant Lion, avec un Verseau ascendant Verseau, un Sagittaire ascendant Lion ou Verseau.

Verseau ascendant Vierge

Lorsque naît le Verseau ascendant Vierge, le Soleil est couché, depuis un certain temps. C'est le début de la nuit.

La personnalité Vierge, donnée par l'ascendant qui appartient à un signe très psychique, va accentuer l'aspect mental et désintéressé du Verseau.

Il ne supporte ni la bêtise ni la vulgarité et fuit comme la peste, les mondanités et les fêtes populaires.

Très intellectuel, curieux de tout, avide d'apprendre, ne se contentant pas de le faire superficiellement, il priviligie la connaissance sur les jouissances matérielles. Mais il rêve d'héritages qui lui permettraient de travailler en toute liberté dans le domaine qui lui plaît, sans dépendre de personne. Il préfère travailler au coup par coup, par contrats, plutôt que d'être salarié ou fonctionnaire.

Sa pensée est rapide, il s'exprime avec aisance.

Il a le sens du détail, mais ne s'y noie pas. Il raisonne minutieusement avec une logique implacable, ponctuée d'éclairs de génie.

Il est nerveux et peut être angoissé. Il est fasciné par le monde invisible, par l'idée de la mort. Aussi, peut-il également s'intéresser à l'ésotérisme, en particulier à l'astrologie.

Il pourrait se diriger vers les sciences de la nature, vers la génétique, la biologie cellulaire, et aimerait avoir accès aux nouvelles technologies pour mener ses recherches.

En amour il est exigeant et critique.

Il serait bien avec un autre Verseau ascendant Vierge, avec un Verseau ascendant Poissons, avec un Sagittaire ascendant Poissons ou ascendant Vierge.

Verseau ascendant Balance

Lorsque naît le Verseau ascendant Balance, le Soleil continue sa course dans la nuit. On est entre le coucher du Soleil et minuit.

La polarité Balance, apportée par l'ascendant, va donner à ce Verseau sa propre coloration charmeuse, intuitive, finement observatrice.

Le besoin intense de liberté donné par le Verseau va être modulé par le besoin d'équilibre et d'harmonie de l'ascendant Balance. Certes, les aspirations de liberté, données par le Verseau seront toujours là, mais ce natif saura s'approcher de ses objectifs en douceur, avec justice et courtoisie.

Idéaliste, raffiné, appréciant l'honnêteté, il ne sera pas véritablement orienté vers des questions pratiques et concrètes. Voulant plaire, ne souhaitant blesser personne, diplomate, il pourrait bien faire preuve d'indécision, à force de vouloir ménager la chèvre et le chou et, du même coup, se faire des ennemis, bien involontairement.

Il aura soif d'apprendre et de voyager pour se cultiver et se frotter aux autres cultures, aux autres civilisations. Par sa soif de trouver un enseignement spirituel, il pourrait s'intéresser à leurs textes sacrés. Il est, par ailleurs, très sensible à la musique, et au domaine artistique en général.

Il pourrait se diriger vers l'enseignement de la philosophie, un métier lui permettant de voyager, comme le tourisme ou la diplomatie.

En amour, entre son besoin de liberté et sa soif de conquêtes amoureuses, il aura un certain mal à garder toujours le même partenaire.

Il serait bien avec un autre Verseau ascendant Balance ou ascendant Bélier, avec un Sagittaire ascendant Balance.

Verseau ascendant Scorpion

Lorsque naît le Verseau ascendant Scorpion, on est aux alentours de minuit. Le Soleil est proche du Fond du Ciel.

La forte personnalité, volontaire et quelque peu guerrière de l'ascendant Scorpion, va aider ce natif du Verseau à arriver à ses fins. Se fiant à sa profonde intelligence, il pense par lui-même, sans se laisser influencer par la mode, l'intellectuellement ou le politiquement correct. Il défend ses propres vues sans trop se soucier de l'idéologie dominante dans la société dans laquelle il se trouve. Il a hérité de l'un de ses ancêtres proches une personnalité brillante, sans doute lorsqu'il était enfant, en raison de son environnement familial. Il est capable de se remettre en question, tout comme il est capable de défaire entièrement un travail et de le reconstruire sur de nouvelles bases. Courageux, il sait rebondir dans les épreuves. Son esprit critique est fortement développé. Il aime la discussion et les grands débats publics, mais il risque de se laisser emporter par son tempérament irascible et de se créer de fortes inimitiés.

Sa maison, son foyer est un pôle important de sa vie. Il aime y recevoir quelques personnes bien choisies et soigne son décor de façon assez futuriste et originale.

Il pourrait se diriger vers la recherche en biologie, en géologie ou en physique. Il a des chances de finir sa vie dans les honneurs.

La sexualité est importante pour lui, donc pas d'amour platonique.

Il serait bien avec un Verseau ascendant Taureau ou Scorpion, avec un Bélier ascendant Taureau ou un Capricorne ascendant Scorpion.

Verseau ascendant Sagittaire

Lorsque naît le Verseau ascendant Sagittaire, le Soleil a commencé sa remontée vers le jour. On est entre minuit et le lever du Soleil.

La polarité Sagittaire, apportée par l'ascendant, va donner à ce Verseau sa coloration jupitérienne fougueuse, dynamique et optimiste. Coloration qui l'aidera considérablement à réaliser ses projets.

Tourné vers le futur, toujours à échafauder de grandioses projets très sérieux, ce natif du Verseau va séduire, d'une part par son enthousiasme, son côté bon vivant, sa personnalité entraînante et de l'autre, par la facilité avec laquelle il se moule dans la nouvelle société, dans tous ses projets.

Doué pour la communication, il y est comme un poisson dans l'eau. Pas besoin de lui apprendre comment faire avec les nouveaux outils de la communication, on dirait qu'il les connait depuis toujours.

Vif, inventif, rempli d'idées, il s'intéresse au monde qui l'entoure et tient à faire participer les autres à ses découvertes et à ses émerveillements.

Il s'entoure d'amis influents, s'intéressant comme lui aux médias et reste toujours fidèle et intègre vis à vis d'eux. Il pourrait avoir des disciples.

Il fait souvent partie d'une association caritative ou d'un groupe au sein duquel l'on brasse de grandes idées. Il pourrait se diriger vers le journalisme (grand reporter), la télévision, l'informatique, les images de synthèse, mais aussi l'astrologie. Il pourrait faire du cinéma.

En amour, il a besoin d'un partenaire moderne et dynamique.

Il serait bien avec un autre Verseau ascendant Sagittaire ou Gémeaux, avec un Sagittaire ascendant Sagittaire ou Gémeaux.

Verseau ascendant Capricorne

Lorsque naît le Verseau ascendant Capricorne, c'est la dernière partie de la nuit. Le Soleil est sous l'horizon. Il fait encore noir.

La personnalité réservée, introvertie du Capricorne va apporter sa tonalité à l'original Verseau.

Ce natif du Verseau sera sérieux, tentant de contrôler son originalité et ses volte-face. Il sera beaucoup plus tenace, travailleur qu'un pur Verseau, mais aussi plus prudent et ayant le goût du secret. Il aime se retrouver dans la solitude, le silence. Enfant, il s'enfermait déjà dans sa chambre en cas de spleen. Adulte, il a besoin de se retirer dans une pièce dans laquelle il réfléchit, lit, écrit, ou médite, coupé momentanément de la rumeur familiale.

Il n'est pas vraiment optimiste, mais cela ne l'empêche pas de persévérer et de travailler avec patience jusqu'au résultat, car il est ambitieux, bien qu'il n'aime pas que cela se sache.

Comme il passe son temps à essayer de se contrôler, certains lui reprochent parfois de cacher son jeu et d'agir par dessous. Alors qu'il ne s'agit que d'extrême réserve, de pudeur.

Il lui arrive de faire des retraites dans le silence d'un monastère.

Il pourrait se diriger vers la recherche en laboratoire, si possible dans un cadre très confidentiel, ce qui flatterait son goût du secret. Mais il peut aussi sortir de sa réserve et savoir parfaitement communiquer avec le grand public.

Sa vie amoureuse n'est pas facile du fait de sa grande réserve et il a horreur de ce qu'il appelle "étaler ses états d'âmes".

Il serait bien avec un autre Verseau ascendant Capricorne ou ascendant Cancer, avec un Sagittaire ascendant Capricorne qui lui remonterait le moral.

Verseau ascendant Poissons

Lorsque naît le Verseau ascendant Poissons, le Soleil s'est levé depuis un moment. Il est largement au-dessus de l'horizon, il a commencé son élévation vers le Milieu du Ciel.

La personnalité donnée par l'ascendant, faite d'intuition et de réceptivité va ajouter un atout de plus à ce natif du Verseau, déjà caractérisé par ses idées hors du commun.

Non seulement son intelligence fonctionnera au quart de tour, mais il sentira les courants de pensée qui traversent la planète. Trop sensible toutefois, pas vraiment optimiste, il aura du mal à trouver son équilibre psychologique. Mais son air charmant et timide, semblant appartenir à un autre monde, lui ouvrira tous les cœurs. Il est lui-même fort compatissant. En effet sa personnalité mystique lui donne toujours un air de "je suis ailleurs, je suis dans mon propre monde". Assez chanceux, malin, sentant les "bons plans", il sera capable de gagner beaucoup d'argent. D'ailleurs, dans ce domaine, il daignera sortir de son monde à part, pour s'occuper de se donner les bases matérielles nécessaires à sa survie, mais aussi à ses rêves.

Il aimera les voyages lointains, la mer et aura des dons de voyance.

Il pourrait se diriger vers l'astrologie, la voyance, les sciences exactes, l'informatique, les images de synthèse, le cinéma.

La vie amoureuse a une grande importance pour lui. Sensuel, mystique et intellectuel, il rêve d'une union totale, à la fois charnelle, psychique et intellectuelle et s'étonne de ne pas trouver l'âme sœur...

Il serait bien avec un autre Verseau ascendant Poissons, avec un Sagittaire ascendant Poissons ou encore un Scorpion ascendant Poissons.

♓

les Poissons

Les Poissons forment le douzième signe du zodiaque et le troisième signe d'eau. Il ferme ainsi le troisième cycle des quatre éléments : feu, terre, air, eau. Il est féminin comme tous les signes d'eau.

Dans l'homme zodiaque, il représente les pieds.

Sa planète est Neptune, le dieu de l'océan et Vénus y est exaltée.

Il est symbolisé par deux Poissons reliés par un cordon et, l'un de ces Poissons était autrefois assimilé à la déesse de l'amour.

L'eau des Poissons est l'eau mystérieuse des profondeurs océanes.

Les Poissons sont en rapport avec le mystère et le monde invisible, avec tout ce qui est caché, secret. Comme le sel se dissout dans l'eau, les Poissons symbolisent l'anéantissement du moi dans le grand tout : le mysticisme et la religion, mais aussi la drogue, l'alcool, le suicide. Les prêtres, dans l'antique Mésopotamie, se revêtaient d'un costume représentant un poisson, dont il reste des échos dans la mitre des évêques.

Par Vénus, le Poissons est un signe d'amour et d'art. Le natif des Poissons est sensuel et soumis à de fortes passions amoureuses. Il aime la bonne chair et la boisson.

Cependant l'amour du Poissons peut prendre toutes sortes de formes : amour mystique, amour compassion, dévotion. C'est le signe du sacrifice, du dévouement, de la médecine.

Le natif des Poissons est donc rêveur, extrêmement réceptif, artiste.

C'est le signe où l'on trouve le plus de poètes, de musiciens, de grands mystiques.

Il est sensible, hyper intuitif, parfois même voyant. Il est influençable. Il aime la mer et les bateaux, les arts, la poésie, la musique.

Il sort rarement de sa réserve en société, mais est très communicatif dans l'intimité de ses amitiés.

Il est plutôt petit, gracieux, nonchalant, élégant. Son regard est émouvant.

Poissons ascendant Poissons

Quand naît le Poisson ascendant Poissons, le Soleil se lève en même temps que le signe. Il est à l'ascendant.

Ce natif ne sera pas seulement doublement Poissons, mais aussi solaire.

Extrêmement sensible et réceptif, il a besoin de silence et de méditation. Enfant, il est très charmant et son entourage a tendance à le dorloter, au risque d'en faire un grand paresseux se laissant porter par les courants. C'est un poète, un rêveur, un contemplatif. Le genre de personne qui peut rester des heures à contempler la mer ou un paysage, en se noyant littéralement dans ce qu'il est en train de contempler. Il a tendance à vouloir s'y anéantir comme une goutte d'eau dans la mer.

Tolérant, il s'adapte aux gens, aux lieux, aux circonstances avec facilité. Mais il est très influençable. Il n'aime pas les responsabilités. Il fuit, il louvoie. Il disparaît comme les poissons au fond de l'eau. Imprécis, plus porté aux rêves qu'au travail, il a du mal à avoir le sens des réalités.

Imaginatif, intuitif, inspiré, artiste, il adore la musique, la poésie, la peinture, le cinéma.

Il pourrait se diriger vers un métier artistique ou littéraire, vers la voyance ou encore vers la médecine ou les métiers de la mer. Quoi qu'il en soit, ce Poissons a souvent de la chance. Son côté rayonnant attire les gens qui sont prêts à l'aider et sa grande intuition lui permet de saisir les opportunités.

Dans sa vie amoureuse il a besoin soit d'un alter ego, soit d'un partenaire complémentaire à l'esprit plus pratique.

Il serait bien avec un autre Poissons ascendant Poissons ou ascendant Vierge, avec un Taureau ascendant Poissons ou ascendant Vierge.

Poissons ascendant Bélier

Lorsque naît le Poissons ascendant Bélier, le Soleil est déjà bien levé. C'est le début de la matinée.

La personnalité dynamique donnée par l'ascendant va largement aider ce natif des Poissons à se prendre en mains, à se battre pour réussir, à ne pas hésiter à prendre des risques. Indépendant, courageux, ce Poisson là fera tout pour se donner des bases matérielles. Travailleur, sa première préoccupation sera de bien gagner sa vie, afin de profiter de toutes les bonnes et belles choses que procure la société de consommation. Gourmand, esthète, coquet, il aime le confort et le luxe. Il lui faudra ce qu'il y a de meilleur, en ce qui concerne la nourriture et la boisson, les vêtements les plus élégants, de très belles chaussures et un cadre enchanteur, qu'il s'agisse de sa maison ou de la région où il réside.

Il adorera les voyages, la vitesse et pourrait se passionner pour les sports comme les compétitions de planche à voile, de surf ou de catamarans.

Il pourrait se diriger vers un métier artistique, vers la médecine, la marine, ou encore vers le cinéma du fait de son grand pouvoir de séduction et de son goût de l'image. Il pourrait diriger une entreprise en rapport avec les produits de la mer.

Très aimable, délicat dans ses rapports avec les autres, charmant, il en séduira plus d'un. Il sera d'ailleurs, un grand amoureux et il aura du mal à rester fidèle.

Il serait bien avec un autre Poissons ascendant Bélier, avec un Poissons ascendant Balance, avec un Taureau ascendant Balance.

Poissons ascendant Taureau

Lorsque paraît l'enfant Poissons ascendant Taureau, le Soleil commence à être bien haut dans le ciel. Il se rapproche du milieu du Ciel. C'est la dernière partie de la matinée.

La personnalité Taureau, bien ancrée dans la réalité, va permettre à ce natif des Poissons de garder les pieds sur terre. Robuste, travailleur, tenace, il est capable de réaliser un travail d'envergure grâce à son endurance. Il est intelligent et possède une très bonne mémoire.

Mais il est très attiré par tout ce qui est beau, luxueux. Il aime les plaisirs, il a besoin de posséder des biens. Il aime la scène, les déguisements.

Ce natif des Poissons ne se contente pas de profiter de la vie. Il aime apprendre, est capable de faire de brillantes études et sait s'entourer de gens intéressants. Il est ambitieux et, en général, est aidé dans ses aspirations par une bonne aisance matérielle.

Il peut se diriger vers l'écriture, l'édition, le journalisme, un métier artistique comme le chant, le cinéma ou la télévision.

La vie amoureuse tient une grande place dans sa vie. Il est assez possessif, voire jaloux. C'est un grand voluptueux. Il exerce sur les autres un certain ascendant. Les femmes de ce groupe sont extrêmement féminines, très séduisantes. Elles aiment les beaux vêtements, les belles coiffures.

Il serait bien avec un autre Poissons ascendant Taureau ou ascendant Scorpion, avec un Taureau ascendant Scorpion, ou encore avec un Cancer ascendant Taureau.

Poissons ascendant Gémeaux

Lorsque le Poissons ascendant Gémeaux voit le jour, le Soleil est très haut dans le ciel. Il est tout proche du Milieu du Ciel. On est aux environs de midi.

La personnalité Gémeaux, faite de jeunesse et de curiosité, va se mettre au service des aspirations de ce natif des Poissons. De plus, le Soleil très haut dans le ciel va apporter sa note rayonnante, faisant penser à celle d'un Lion.

Ce natif des Poissons sera moins timide qu'un pur Poissons. Ambitieux, il saura se mettre en scène, s'intéressant à tout, aimable, intelligent, faisant penser à un adolescent à la fois rêveur et rempli d'humour. Toujours en mouvement, joyeux, aimant la compagnie dont il espère tirer, à la fois, des distractions et des informations nouvelles, il a beaucoup de succès, surtout auprès des jeunes et s'ennuie avec les gens trop sérieux. Il adore les voyages.

Il a le sens de la noblesse, il a horreur de ce qui est vulgaire, il est raffiné.

Mais il est nerveux, hyper sensible et, du fait de cette sensibilité, son humeur est changeante. Tour à tour joueur ou triste. Il manque de sens pratique, et a du mal à faire un choix et à s'y tenir. Certains le trouvent inconstant.

Il pourrait se diriger vers la comédie, la musique, les beaux-arts ou encore la médecine.

Sa vie amoureuse est intense, mais il peut se lasser de son partenaire.

Il serait bien avec un autre Poissons ascendant Gémeaux ou avec un Taureau ascendant Sagittaire ou ascendant Gémeaux.

Poissons ascendant Cancer

Lorsque naît le Poissons ascendant Cancer, le Soleil est encore haut sur l'horizon, mais il a commencé sa descente vers l'ouest. On est au cœur de l'après-midi.

La Personnalité très réceptive du Cancer, ce signe lunaire, va accentuer la sensibilité de ce natif des Poissons, qui sera très influençable et aura du mal à maîtriser ses émotions.

Intelligent et intuitif, doté d'une bonne mémoire et d'une très grande imagination, il aime rêver et se raconter des histoires. Il peut d'ailleurs en raconter aux autres sans se rendre compte qu'il brode largement, au détriment, parfois, de la vérité.

Il est gourmand et a un côté enfantin. D'ailleurs, il aime les enfants et généralement il en a plusieurs. Il ne perd pas le nord pour autant, ayant le sens de l'argent et du commerce. Sous son air rêveur, il finit toujours par arriver à ses fins, à force de se cramponner à son but. Il a les autres à l'usure et non par la force, car il n'est pas vraiment combatif.

Créatif, aimant les plaisirs, les jeux, le spectacle, il s'intéresse au passé, à l'histoire.

Il pourrait se diriger vers la création littéraire ou artistique, le commerce avec les pays lointains, la photo, le cinéma.

En amour, c'est à la fois un grand tendre et un grand sensuel. Il peut souffrir beaucoup et supporte difficilement la perte des être chers. Il se replie alors en lui-même.

Il serait bien avec un autre Poissons ascendant Cancer,

avec un Poissons ascendant Capricorne qui lui apporterait une certaine stabilité ou encore avec un Taureau ascendant Cancer.

Poissons ascendant Lion

Lorsque naît le Poissons ascendant Lion, le Soleil se rapproche du couchant. C'est la dernière partie de l'après-midi.

La personnalité rayonnante et volontaire, donnée par l'ascendant, va fortement aider ce natif des Poissons à réaliser ses aspirations.

Ce Poissons là sera beaucoup moins timide qu'un pur Poissons, il pourra même avoir un côté dominateur, autoritaire. Il aura une présence. Il aura confiance en lui, et ne manquera pas de courage. Il se dégage de lui une certaine fierté, une certaine noblesse. Rien de mesquin chez ce natif.

Par contre, il se montre parfois moins facile, il peut se mettre en colère et ne pas mâcher ses mots.

Toutefois, il reste compatissant, ému par le malheur des autres et prêt à voler à leur secours. Il aime la solitude et ne raconte pas sa vie à tout venant.

Son ascendant, tout comme son signe solaire, lui donne l'amour du beau. L'art tient une place essentielle dans sa vie. A ce goût de l'art, à ce goût du beau s'ajoute celui du grandiose et du majestueux.

Les plaisirs de la vie sont également importants pour lui, mais il jouit en esthète. Il aime déguster les bons vins et on ne lui fera pas prendre un saumon d'élevage pour un saumon sauvage. Il pourrait se diriger vers une profession artistique, comme les beaux-arts, le cinéma, la musique, le chant ou encore la médecine.

L'amour est important pour lui. Il est assez exigeant dans ce domaine.

Très voluptueux, il serait bien avec un autre Poissons ascendant Lion, avec un Taureau ascendant Lion ou avec un Poissons ascendant Verseau.

Poissons ascendant Vierge

Lorsque naît le Poissons ascendant Vierge, le Soleil est en train de se coucher. Il est tout proche du descendant.

La personnalité raisonnable et logique, donnée par l'ascendant, va obliger ce natif des Poissons à plus de sens pratique et un peu plus de rationalité.

Curieux de tout, désirant comprendre le monde, avide de connaissances, il aura besoin de s'instruire et de mettre par écrit ses idées, afin de mieux les cerner. A force d'introspection, il risque de devenir anxieux. Il se reprochera de rêver et souffrira de ses imperfections, il voudrait que tout soit parfait.

Tourné vers les autres, c'est à leur contact qu'il s'épanouira et donnera le meilleur de lui-même. Réservé en temps normal, dès qu'il sera en relation avec des gens brillants, il se mettra, comme eux, à briller de tous ses feux.

Il pourrait se diriger vers les sciences, la médecine, les arts.

Il ne pourra rester solitaire. Il aimera travailler en association et le mariage sera la clef de son destin. Il a toutes les chances de faire un mariage qui l'aidera à asseoir sa position dans la société ou même à la rehausser. A partir de là, sa vie sera changée. Pour trouver le bon partenaire, qu'il s'agisse d'un associé ou d'un conjoint, il sera guidé par son intuition. Il sera attiré, de préférence, par des gens instinctifs comme lui et imaginatifs.

Il serait bien avec un Poissons ascendant Vierge comme lui ou avec un Poissons ascendant Poissons.

Poissons ascendant Balance

Lorsque naît le Poissons ascendant Balance, le Soleil vient de se coucher. C'est le début de la nuit.

Ce Poissons là va pouvoir réaliser ses aspirations, grâce à la coloration Balance donnée par son ascendant.

Epris de justice et d'harmonie, généreux, sociable, très observateur, honnête, ce natif des Poissons saura imposer ses vues.

Doublement intuitif, il sera difficile de lui faire prendre

du faux pour du vrai. Le but de ce Poissons sera de comprendre en profondeur le sens de la vie, tout en la traversant le plus dignement possible.

Intelligent, il sera capable de s'adapter aux différentes circonstances de la vie. Il est extrêmement sociable, courtois et sachant communiquer, équitable, pesant le pour et le contre.

Il n'en garde pas moins le sens du secret. Il est fasciné par le mystère de la mort et celui de la vie après la mort. Il pourrait être tenté par les sciences occultes ou par une voie initiatique. Malgré son peu de sens pratique, il n'oublie pas pour autant que, sans argent, il est difficile de réaliser ses objectifs. Aussi, il se débrouille en général très bien pour obtenir des crédits, s'associer avec quelqu'un qui possède une certaine fortune, qu'il s'agisse du travail ou de mariage. Il a, en général, un certain mal à garder une vie conjugale équilibrée, mais reste toujours compatissant et n'aime pas faire souffrir.

Il serait bien avec un Poissons ascendant Bélier, mais aussi avec un autre Poissons ascendant Balance ou encore avec un Taureau ascendant Bélier.

Poissons ascendant Scorpion

Lorsque le Poissons ascendant Scorpion voit le jour, la nuit est noire, on n'est pas très loin de minuit.

Le Soleil se dirige vers le Fond du Ciel.

L'ascendant Scorpion va donner à ce natif des Poissons une polarité nettement plus dynamique, plus dure qu'un pur Poissons, voire quelque peu agressive.

D'une intelligence perçante et critique, maligne et même parfois, calculatrice, tellement son désir d'arriver à ses fins est puissant. Mais, ses aspirations sont hautes et si, parfois, il se montre "peu commode", c'est que pour lui la fin justifie les moyens. En réalité c'est un idéaliste en recherche de spiritualité. Il fera de grands efforts pour contrôler ses impulsions et ses émotions particulièrement vives, du fait de son immense sensibilité et de sa faculté à pénétrer les desseins des autres.

Il s'intéresse au mystère de la vie et est le genre de personne qui cherche l'âme sous le scalpel du chirurgien ou sous l'œil du microscope.

Il pourrait, d'ailleurs, se diriger vers la génétique, l'embryologie, la recherche médicale, la chirurgie.

Il aimera se rendre à l'étranger pour apprendre de nouvelles techniques ou confronter ses idées avec d'autres civilisations. Il pourrait aussi enseigner, ou encore se diriger vers le cinéma. Quoi qu'il fasse, il ne supportera pas vraiment les entraves à sa liberté.

La sexualité est pour lui très importante. Il la vit de façon intense.

Il serait bien avec un autre Poissons ascendant Scorpion ou Taureau ou encore avec un Scorpion ascendant Taureau.

Poissons ascendant Sagittaire

Lorsque naît le Poissons ascendant Sagittaire, on est aux environs de minuit, le Soleil est proche du Fond du Ciel.

L'ascendant va apporter sa note dynamique et enthousiaste à ce natif des Poissons. La gaieté Sagittaire empêchera ce Poissons de se noyer dans ses rêves. Il est dynamique, sportif, allant de l'avant, confiant en sa bonne étoile. Sociable et bon vivant, il attire la sympathie, d'autant que c'est un bon orateur. Il ne commet jamais d'injustice et s'il s'en trouve victime, il en est profondément choqué.

Rempli de vitalité animale, il a besoin de pratiquer un sport pour se sentir bien. Il aime chevaucher les vagues en bateau ou les prairies à cheval ou en moto. Son enthousiasme conquérant est entraînant.

Très orienté spirituellement, il a dans ses ancêtres des gens très religieux, dont il a hérité le tempérament mystique.

Il accorde une grande attention à son foyer et à sa maison. Son lieu d'habitation est un phare pour ses amis. Même avec peu d'argent, il réussit à se créer un cadre à la beauté onirique et les gens triés sur le volet qu'il y reçoit sont sous le charme.

Il finit généralement sa vie dans les honneurs.

Il pourrait se diriger vers la philosophie, la décoration, ou une profession qui se relie aux voyages.

Sa vie amoureuse est importante, sans complications. Il recherche un partenaire qui le fasse rire et le détende.

Il serait bien avec un Taureau ascendant Gémeaux, avec un Poissons ascendant Gémeaux ou un autre Poissons ascendant Sagittaire.

Poissons ascendant Capricorne

Lorsque naît le Poissons ascendant Capricorne, c'est la nuit profonde. L'heure des rêves, entre minuit et le lever du Soleil.

L'ascendant Capricorne va apporter à ce Poissons sa tonalité volontaire et décidée, l'aidant, de cette manière, à réaliser ses rêves.

Persévérant, tenace, courageux, voire stoïque, il lui faudra toutefois un certain temps pour atteindre ses objectifs. Car, prudent, voire méfiant, oscillant entre rêve et besoin de contrôler les événements sur tous les fronts, il pourrait laisser passer la chance, une ou deux fois avant de se décider à la saisir.

Réservé, il a du mal à s'extérioriser, d'autant qu'il se méfie de ses propres passions. Mais il a un "je ne sais quoi" qui, malgré cette réserve discrète ou peut-être à cause d'elle, attire les amis brillants et fidèles qui sont prêts à l'aider. Il aime recevoir et sait se faire de hautes relations. Il s'intègre parfaitement dans un travail d'équipe, il aime faire partie des grands organismes internationaux à vocation philanthropique. Il a besoin de se dévouer à une cause comme Médecins sans frontières, par exemple.

Il pourrait se diriger vers le cinéma, en tant que réalisateur ou travaillant sur des images de synthèse.

C'est un grand amoureux, mais il tient à cacher son jeu, car c'est aussi un grand pudique.

Il serait bien avec un autre Poissons ascendant Capricorne -ils se comprendraient bien-, mais aussi avec un Poissons ascendant Cancer, qui l'aiderait à manifester ses émotions ou encore avec un Taureau ascendant Capricorne.

Poissons ascendant Verseau

Lorsque naît le Poissons ascendant Verseau, c'est la dernière partie de la nuit. Le Soleil est sous l'horizon, la nuit est encore bien noire.

La polarité Verseau donnée par l'ascendant va donner un côté original à ce natif des Poissons.

Nerveux, d'une intelligence à la fois rapide et intuitive, doué de clairvoyance, il est capable de se projeter vers le futur et d'avoir des éclairs de génie.

Se sentant à part, il aura tendance à rechercher la solitude, à se tourner vers la méditation, à faire des retraites dans des monastères.

Intègre et ayant horreur de se mettre en avant, il préfère travailler dans le calme, dans des lieux de recherche, loin du bruit et de la fureur. Compatissant, mais nerveux et irritable, il a du mal à supporter la vie bruyante des grandes villes, et certains pourraient croire qu'il n'est pas commode.

Très indépendant intellectuellement, il a horreur du snobisme et de tout ce qui est politiquement correct. Il a soif de connaissance et veut toujours approfondir les questions sur lesquelles il se penche.

Il pourrait se diriger vers la recherche scientifique, comme la biologie ou la médecine, travailler dans un laboratoire ou dans un hôpital, en vase clos, dans son univers, loin des futilités de la vie mondaine.

Sur le plan amoureux, il est assez exigeant et, si on n'est pas parfaitement honnête avec lui, il disparaît sans crier gare.

Il serait bien avec un autre Poisson ascendant Verseau, avec un Poisson ascendant Lion.

Conclusion

Vous ne vous reconnaissez pas dans ces combinaisons signes / ascendants ?

Peut-être devriez vous tenir compte du décalage, dû à la précession des équinoxes.

Ce décalage qui fait que les Béliers sont dans les étoiles des Poissons, les Taureaux dans les étoiles du Bélier, les Gémeaux dans celles du Taureau, et ainsi de suite.

Vous avez envie d'essayer ? Rien de plus simple !

Il vous suffit de découper le diagramme joint en fin de livre (fig. 6), d'en faire des photocopies, et de replacer votre ascendant et votre Soleil exactement comme il était indiqué au début du livre.

Exactement de la même façon, mais en utilisant pour cela le cercle intérieur.

Simplement, lorsque vous tirez vos traits, vous constatez que ces traits se prolongent sur les signes étoilés placés sur le cercle extérieur.

C'est aussi simple que cela.

Il ne vous reste plus qu'à comparer.

Ainsi, dans le thème d'exemple, vous voyez que l'ascendant placé à 26° du Bélier dans le zodiaque intérieur, celui des saisons, reste en Bélier, mais au tout début, au lieu d'être à la fin. Par contre, vous voyez que le Soleil, s'il est toujours à 10°30 du zodiaque saisonnier, se trouve dans les étoiles du Sagittaire (fig. 7).

L'interprétation sera donc, Sagittaire ascendant Bélier.

Dans ce cas précis, le décalage porte surtout sur le signe solaire, mais les trois-quarts du temps, un Taureau ascendant Scorpion, par exemple, deviendra un Bélier ascendant Balance ; un Scorpion ascendant Capricorne deviendra, dans les signes étoilés, une Balance ascendant Sagittaire. Ce qui ne donnera pas du tout la même interprétation.

Il ne vous coûte rien d'essayer.

figure 6

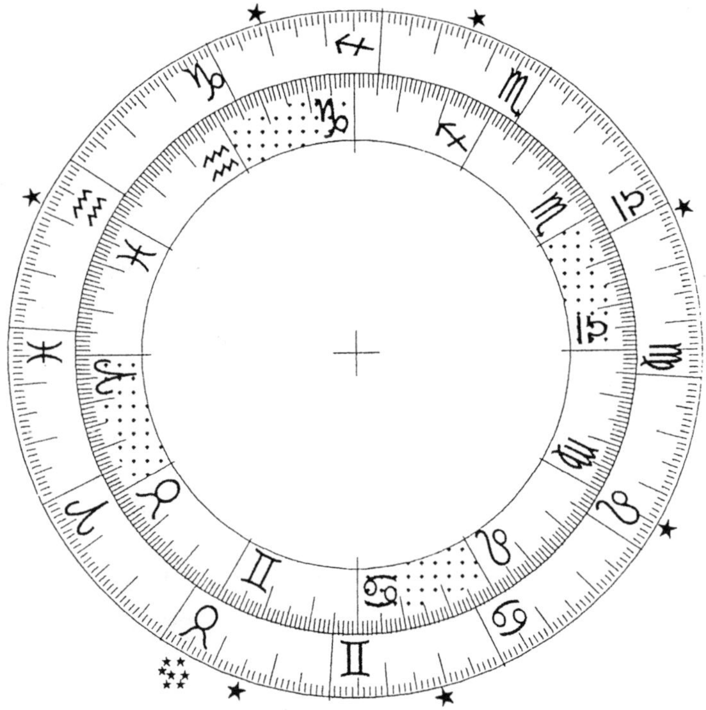

figure 7

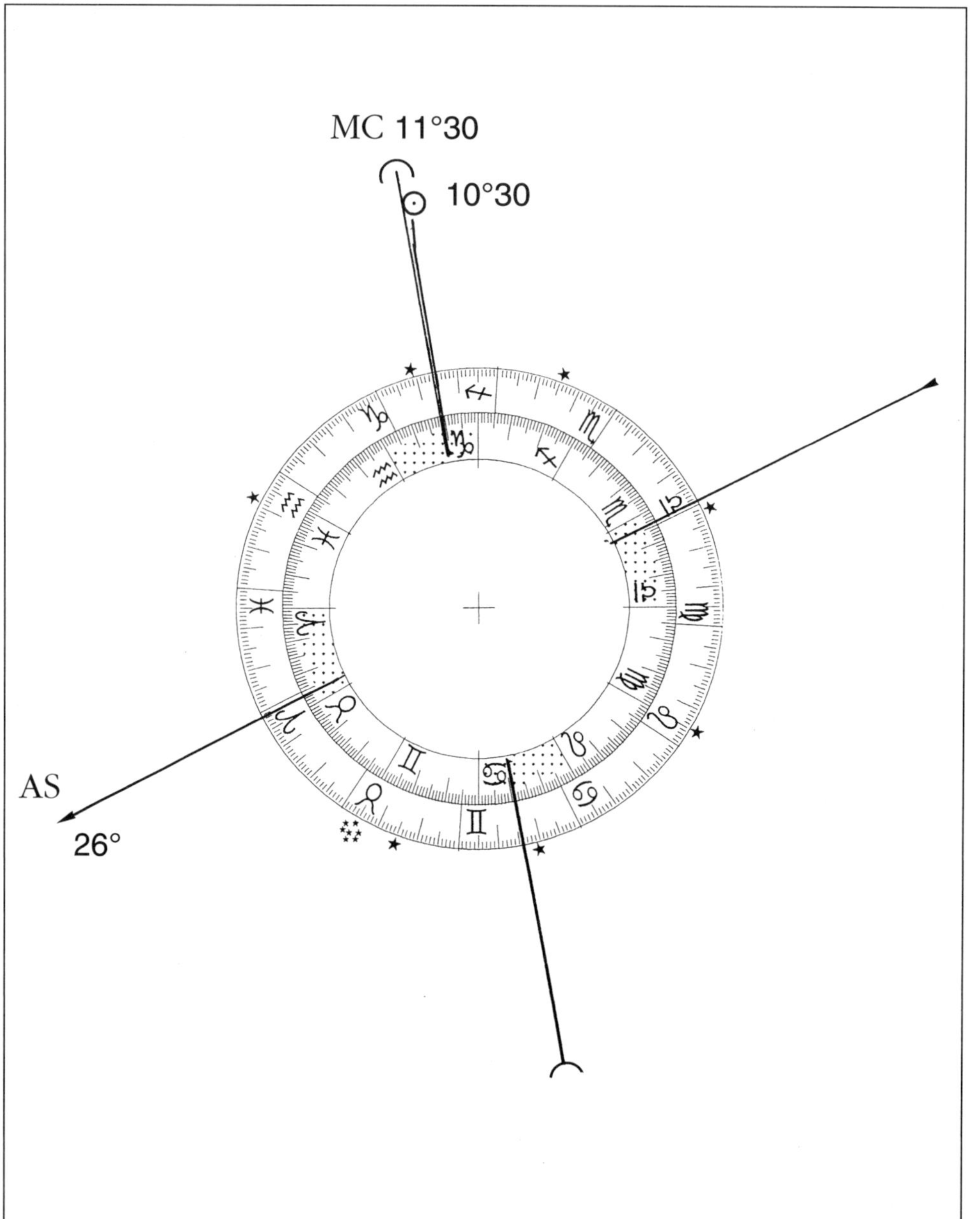

Ouvrages du même auteur

La vie d'une voyante, l'œil et les épingles. Rocher 1982 (épuisé).

L'astrologie des constellations. Editions Garancière, 1984 (épuisé).

Le Toucher intérieur, en direct d'une voyante. Fabert éditeur (anciennement Souffles 1986).

La voyance en seize leçons. Editions Trajectoire, 1993.

Astrologie, racines secrètes et sacrées. Editions Dervy, 1994.

Le grand livre de l'oracle Belline. Editions Trajectoire, 1995.

L'astrologie en seize leçons. Editions Trajectoire, 1995.

Le Grand Jeu divinatoire du cristal. Editions Trajectoire, 1996.

L'Oracle des Saints. Editions Trajectoire, 1997.

L'Oracle des Pharaons. Editions Trajectoire, 1998.

L'Oracle des Mages. Editions Trajectoire, 1998.

Le Grand Livre des Pouvoirs de la Lune. Editions Trajectoire, 1998.

Les fabuleux pouvoirs de la Croix de vie égyptienne. Editions Trajectoire, 1998

Le Grand livre du Tarot Chinois. Editions Trajectoire, 2000.

Les Grands défis du 3° Millénaire. Editions Trajectoire, 2000.

SOMMAIRE

Achevé d'imprimer
sur les presses de l'Imprimerie Moderne de Bayeux
ZI, 7, rue de la Résistance, 14401 BAYEUX
Dépôt légal : n° 6774 - Avril 2001